KARL WILHELM KRAUSE

KAMMERDIENER BEI HITLER

IM SCHATTEN DER MACHT

Karl Wilhelm Krause

Kammerdiener bei Hitler

Im Schatten der Macht

ZeitReisen

Postfach 100 549
44705 Bochum
Tel. 0 23 27/7 15 59
Fax 0 23 27/97 98 29
info@zeitreisen-verlag.de
www.zeitreisen-verlag.de

ISBN 978-3-941538-61-0

Korrigierte, komplett überarbeitete Auflage 2016

INHALTSVERZEICHNIS

Wie ich zu Hitler kam

Am 2. Juli des Jahres 1934 wurde ich, versehen mit den besten Wünschen, vom Halbflottillenchef und den Kommandanten der damaligen Räumbootflottille nach Berlin zum Reichswehrministerium, Abteilung Marine, geschickt. Dort sollte ich mich melden und weitere Order für die Meldung in der Reichskanzlei erhalten. Mit gemischten Gefühlen und voller Unruhe bin ich von Kiel nach Berlin gereist. Obwohl mir Berlin in groben Zügen bekannt war, mußte ich mich doch durchfragen, um zum Reichswehrministerium zu gelangen. Hier wurde ich zum Chef des Stabes der Marineleitung gewiesen, mit großer Freundlichkeit empfangen und mehreren hohen Offizieren vorgestellt, u. a. dem Oberbefehlshaber der Marine, Admiral Dr. h. c. Raeder und dem Reichswehrminister von Blomberg. Nach Beantwortung verschiedener Fragen und näheren Anweisungen für die Meldung beim damaligen Reichskanzler Adolf Hitler, den ich am folgenden Tage aufsuchen sollte, wurde ich zur ehemaligen Eisenbahnerkaserne in der von-Papen-Straße entlassen.

Wenn ich heute daran zurückdenke, so muß ich lächeln über das Maß von Spannung, in der ich dem nächsten Tage entgegenwartete. Man händigte mir einen Brief aus, auf dessen Umschlag ich las: „Um 10 Uhr Meldung in der Reichskanzlei bei SS-Oberführer und Adjutant Schaub.“ Um ½ 6 Uhr morgens stand ich auf, reinigte und bürstete meine Uniform, zog das Paradehemd an und war um 8 Uhr zur Meldung fertig. ½ 10 Uhr bog ich in die Wilhelmstraße ein. Dort wartete ich noch einige Minuten, holte noch einmal tief Luft und schritt dann entschlossen zur Tür der Reichskanzlei. Ich brachte mein Anliegen bei der Anmeldung vor und sagte, daß ich „von Herrn Schaub“ (Die Rangabzeichen in der SS und SA waren mir noch nicht bekannt!) erwartet würde. Man geleitete mich über den kleinen Hof zu der Privatwohnung Hitlers und übergab mich dort dem wachhabenden SS-Mann. Dieser führte mich in den Aufenthaltsraum des Begleitkommandos und hieß mich dort warten. Im Raume des SS-Begleitkommandos fand ich zwei SS-Männer beim Schachspielen. Man betrachtete mich zuerst skeptisch. Später kamen noch einige Herren in Zivil und einige SS-Männer. Das allgemeine Sichvorstellen begann. Man machte mich mit vielen Dingen bekannt. Viele Fragen über meine Anwesenheit in der Reichskanzlei und über die Marine wurden gestellt. Jedesmal, wenn die Tür aufging, meinte ich, man holte mich. Als nun bekannt wurde, daß ich bei Adolf Hitler Kammerdiener werden sollte, begann eine allgemeine Diskussion und man erwog dies und jenes. Einige der Leute nahmen sich meiner besonders freundlich an. So erfuhr ich, daß der Führer nicht in Berlin sei, sondern in Ostpreußen weile, um dem Herrn Reichspräsidenten von Hindenburg, damals auf Gut Neudeck, „über die ganze Sache" (Röhmputsch) Bericht zu erstatten. Es hieß, daß das Flugzeug gegen 3 Uhr wieder in Berlin sein sollte.

Ich habe dann zum erstenmal im Speiseraum des Begleitkommandos zu Mittag gegessen. Hier bedienten zwei Ordonnanzen. Sie trugen die Speisen auf und das benutzte Geschirr ab. Von den Speisen selbst konnte und mußte sich jeder nehmen. An Getränken gab es Bier, Orangeade und Selterwasser. Essen konnte jeder, so viel er mochte. Ich selbst habe mich wohl damals, nachdem die erste Aufregung vorüber war und die Vorstellung sich noch hinausschob, nach den beiden Tagen voller Spannung mit bestem Appetit richtig satt gegessen. Man behandelte mich ja auch, da nun alles um die Bewandtnis der Anwesenheit eines Marinesoldaten Bescheid wußte, sehr freundlich. Nach dem Essen ging es wieder in den Aufenthaltsraum, wo die Zeit von den meisten mit Kartenspiel, Schach und Billard totgeschlagen wurde, bis endlich die Meldung vom Flughafen eintraf: „Die Maschine mit dem Führer an Bord ist soeben gelandet!" Nun kam Leben in den Raum! Die Leute waren in kürzester Zeit bis auf zwei Mann verschwunden. Auf meine Frage, was diese alle zu tun hätten, erklärte man mir, daß jeder seinen bestimmten Platz für die Anfahrt habe, um abzusperren und den Weg freizuhalten. Unruhe darüber, wie sich nun alles gestalten werde, überfiel mich jetzt auch wieder. Ich bat einen Anwesenden, mir doch einen Platz zu zeigen, von dem aus ich die Anfahrt des Führers sehen könnte. Wir wollten gerade den Raum verlassen und ich stand noch in der Tür, als Adolf Hitler auf ungefähr einen Meter Entfernung an mir vorbeiging. Ich nahm soldatische Haltung ein. Hitler grüßte mit sehr tiefer Stimme und dem Worte: „Heil!" Ihm folgten einige Herren seines Stabes, die ich natürlich noch nicht kannte. Wenige Minuten später kam auch Dr. Goebbels und begab sich in die hinteren Räume, wohin auch die übrigen Herren gegangen waren. Ein SS-Mann hatte mich bei Oberführer Schaub gemeldet und kehrte mit dem Bescheid zurück, daß die Herren zuerst essen und Schaub dann nach vorn kommen würde. Ich wartete ungefähr eine ¾ Stunde, bis Schaub kam und mir sagte, daß der Führer heute keine Zeit mehr für die Meldung hätte und ich mich morgen vormittag wieder einfinden sollte. Ich verblieb nun noch einige Zeit im Aufenthaltsraum und lernte fast alle Leute der beiden Begleitkommandos kennen, u. a. auch den späteren Fahrer Kempka, der sich meiner annahm und sich auch erbot, mich nach meiner Unterkunft zu bringen. Vorher sollte ich aber noch einen Bummel durch Berlin mitmachen und meine anfängliche Weigerung wurde bald von allen Anwesenden zerstreut. Am Abend saßen wir wieder in der Reichskanzlei.

Hier kam alles zusammen: sämtliche Kraftfahrer und die Angehörigen der beiden Begleitkommandos, auch Leute anderer Ministerien. Das änderte sich erst mit dem Kriege und der Lebensmittelkartenausgabe. Vorher konnte fast jeder, der ein wenig Schneid besaß, ohne weiteres hierher zum Essen kommen. Es kam z. B. vor, daß Leute vom Begleitkommando ihre Freunde und Bekannten, auch solche allerjüngster Bekanntschaft, mitbrachten. So kamen auch Leute von der Polizei, die in der Nähe der Reichskanzlei Dienst taten. An weiblichen Personen erschienen allerdings nur die Sekretärinnen. Auf meine Frage, ob alle der hier Schmausenden wohl zu der Begleitung gehören oder in den Büros arbeiten, wurde mir bedeutet, daß die meisten gar nicht zum Stab zählten und auch gar nicht hier beschäftigt seien. „Sie kennen eben einen der

Herren, und weil sie nichts zu bezahlen brauchen und ein sehr gutes Essen bekommen, ist es nur vernünftig, daß sie mittun." Wie gesagt, es gehörte nur ein gewisses Portiönchen Frechheit dazu.

Am Abend machte ich mit Kempka, mit dem ich auch später bei Freizeit auszugehen pflegte, und mit noch zwei Männern vom Begleitkommando einen Bummel durch Berlin. Kempka hatte einen kleinen Wagen zur Verfügung. Wir besuchten mehrere Lokale bis gegen Mitternacht. Auf meine Bitte, mit Rücksicht auf den folgenden Tag, an dem ich wieder frisch sein mußte, Schluß zu machen, wurde ich bei meinem Kasernen-Quartier abgesetzt. Es war für mich ein anstrengender Tag gewesen, obwohl die Hauptsache noch nicht vor sich gegangen war.

In dem Raum, in dem ich übernachtete, schlief schon jemand. An seiner Kleidung und an seinem Mützenband, auf dem die Aufschrift „Panzerschiff Deutschland" zu lesen stand, erkannte ich, daß er auch ein Mann von der Marine war. Wie groß war mein Erstaunen, als ich am nächsten Morgen auf meine Frage hin von ihm erfuhr, daß er aus dem gleichen Grund in Berlin sei wie ich. Mein Kamerad wurde merklich kühler, als ich ihm erzählte, daß ich schon am Tag vorher in der Reichskanzlei gewesen wäre und schon allerhand erlebt hätte. Als ich ihm aber sagte, daß meine Meldung erst heute stattfinden sollte, wurden wir gute Kameraden. Blitzblank und sauber machten wir uns nun auf den Weg. Jeder war wohl in seine eigenen Gedanken vertieft und mochte die Vorteile abwägen, die er meinte seinem Rivalen vorauszuhaben. An Körpergröße zum Beispiel überragte ich ihn um Haupteslänge.

In der Reichskanzlei ging es etwa genauso zu wie am Tag vorher. Unsere Meldung beim Reichskanzler blieb aus und wurde auf den nächsten Tag verschoben. Es kam auch am dritten und vierten Tage nicht dazu. Endlich, am fünften, sollte es soweit sein! Die Tage, die wir nun schon mit den Herren in der Reichskanzlei verbracht hatten, wirkten beruhigend auf uns. Wir wurden gleichgültiger. Auch bildeten wir uns schon ein, wir könnten gemeinsam in Berlin bleiben und gemeinsam Dienst tun. Wie sich das gestalten sollte, wußten wir ja beide nicht. Aber wie ein Seelord nun einmal ist: er weiß sich in jeder Lage zu helfen. Mit guter Zuversicht sahen wir auf die Dinge, die da kommen sollten.

Am fünften Tage – es ging schon dem Abend zu – kam SA-Gruppenführer Brückner in den Begleiter-Raum und fragte: „Wo sind die beiden Wasserratten? Der Führer wartet auf Meldung." Brückner nahm meinen Kameraden und mich rechts und links an seine Seite. Er tat das auf eine nette und witzige Art und half uns dadurch unsere ganze Befangenheit überwinden. Wie auch in späteren Jahren war Brückner der ruhende Pol unter all den Herren. Man konnte zu ihm in jeder Sache und zu jeder Stunde kommen. Für jeden hatte er Verständnis und jedem hat er geholfen. Er war der Einzige, mit dem man wirklich gut auskommen konnte. Er hat nie Leute bevorzugt. Ihm war es gleich, ob sie Alt-Parteigenossen waren oder überhaupt nicht zur Partei gehörten. Er war eben der rechte Adjutant, der auch einmal etwas auf seine eigene Kappe nahm und sich dadurch vorteilhaft von den meisten, ja von fast allen anderen unterschied, die allzuoft eine abweisende Haltung einnahmen und sehr auf ihre eigenen Interessen und auf ihr Vorwärtskommen bedacht waren. Brückner wurde wegen seiner einwandfreien Haltung von den anderen Herren geschnitten. Die Intrigen gegen ihn wurden so weit getrieben, daß er von seinem Dienst suspendiert wurde. Ich komme später noch auf einige der Herren zu sprechen. Wir wurden also nach oben vor die Türen zu den Privaträumen geführt, Brückner ließ uns hier warten und verschwand in einer der Türen. Wir warteten etwa 10 Minuten, aber diese kamen uns wie Stunden vor. Dann ging die Türe auf. Brückner erschien und nahm meinen Kameraden herein. Ich blieb allein zurück. Heute vermag ich nicht mehr zu sagen, welche Gedanken mir in jenen Minuten durch den Kopf gingen. Nach einiger Zeit brachte Brückner meinen Kameraden heraus. Brückner selbst ging zurück und so standen wir beide wieder vor der Tür. Auf meine Fragen, die ich an meinen Kameraden stellte, bekam ich keine Antwort. Da kam Brückner heraus und hieß mich eintreten. Er selbst blieb zurück. So stand ich allein in der Tür. Der Raum, in den ich eingetreten war, war die Bibliothek. Sie war von gedämpftem, matten Licht erhellt. Hinter einem langen Tisch, der mit vielen Büchern, Zeitungen und allen möglichen Papieren bedeckt und nochmals durch eine Stehlampe, die ihren Schein nur auf einen bestimmten Fleck leuchten ließ, erhellt war, stand mit über der Brust verschränkten Armen Adolf Hitler. Während meiner Meldung: „Obermatrose Karl-Wilhelm Krause von der 1. Räumbootshalbflottille meldet sich wie befohlen zur Stelle" kam Hitler auf mich zu und begrüßte mich durch Handschlag. Er stellte an mich die Frage, ob ich den Grund meines Hierseins kenne. Ich antwortete mit „Ja". Dann einige Fragen über meine Herkunft, meinen Beruf, meine Eltern und ob ich auch Lust hätte meinen Dienst bei ihm zu versehen. Auf die Frage, ob ich Mitglied der NSDAP sei, gab er sich selbst die Antwort, noch ehe ich mit „Nein" erwidern konnte: „Nun ja", sagte er, „die Reichswehr bzw. die Marine ist ja auf die Verfassung vereidigt und darf nicht politisch tätig sein. Es ist auch gut so."

Das Ganze dauerte vielleicht 4 bis 5 Minuten. Durch Handschlag wurde ich entlassen, sollte draußen warten und seinen Adjutanten hereinschicken. Wir warteten einige Minuten, bis Brückner wieder erschien, der uns nach unten führte und uns im Auftrag des Führers 150 Mark gab mit dem Bemerken, wir sollten uns Berlin ansehen und morgen nachmittag wiederkommen, um uns die Entscheidung zu holen. So bummelten wir durch Berlin und nahmen die Mahlzeiten in der Reichskanzlei ein. Aber erst der übernächste Tag brachte uns die Entscheidung. In den frühen Abendstunden wurden wir in die große Vorhalle gerufen. Da erschien Brückner mit den Worten: „Wer ist Krause?" Auf meine Haltung und mein Wort „Hier" erklärte er mir, der Führer habe sich für mich entschieden. Zu meinem Kameraden sagte er: „Und Sie gehen wieder zurück zu Ihrer Dienststelle und grüßen uns die Marine!" Auch bekamen wir nochmals jeder 50 Mark. Mich wies er noch an, meine Sachen von der Marine zu holen und mich dann zu melden. Im Reichswehrministerium meldete ich mich mit dem Bescheid, ich sei angenommen. Man übergab mir den Dienstreiseausweis nach Kiel zu meinem Kommando. Nach herzlicher Beglückwünschung durch viele hohe Offiziere verließ ich Berlin. Sodann eine schöne Abschiedsfeier mit meinen alten Kameraden an Bord. Dann schulterte ich meinen gepackten Seesack und trat wiederum die Reise nach Berlin zu meiner neuen Dienststelle an. In der Reichskanzlei war inzwischen ein Zimmer für mich hergerichtet worden, das Adolf Hitler selbst besichtigte. Unter seiner Aufsicht mußte ich das Bett ausprobieren, ob es auch für meine Länge ausreichte (meine Körperlänge beträgt 190 cm). Ich bekam zwei helle Straßenanzüge und einen schwarzen Anzug.

Am Nachmittag, als Hitler sich mit seinen Gästen beim Kaffeetrinken im Garten befand, mußte ich zu ihm. Er selbst nahm zwei Gartenstühle in die Hände. Als ich die Stühle nehmen wollte, wehrte er mit den Worten ab: „Lassen Sie man! Sie werden das später noch oft genug tun müssen." Ich folgte ihm. Er ging fast bis zur Mitte des Gartens, stellte die Stühle gegenüber und hieß mich Platz nehmen. Ich saß ihm genau gegenüber. Er eröffnete mir meine Dienstobliegenheiten und sagte sodann: „Sie sind Soldat, und ich werde Sie nicht extra vereidigen, denn ich verlasse mich vollkommen auf Sie. Was Sie hier sehen und hören, geht niemand was an. Sie sind mir nur persönlich verantwortlich. Es könnte nur sein, daß Sie durch meinen Adjutanten Befehle von mir erhalten. Sonst hat Ihnen niemand Befehle zu erteilen." Das war auch gut so. Ich fühlte mich späterhin den anderen Herren gegenüber nicht als Untergebener, ganz gleich, wer es auch immer war.

Hitler entließ mich mit Handschlag. Zum ersten Male standen wir uns in die Augen blickend gegenüber. Am gleichen Abend noch wurde ich auf eine Hotel-Fachschule nach München-Pasing geschickt. Nach mehrwöchigem Lehrgang erschien Adjutant Brückner dort. Ich mußte innerhalb einer Stunde meine sieben Sachen packen. Dann ging es mit dem Auto nach Berchtesgaden-Obersalzberg. Dort begann ich meinen Dienst. Ich war verantwortlich für Hitlers persönliche Dinge: Kleidung, Wäsche, Schuhe etc., später auch fürs Essen, nicht für dessen Herstellung, aber für die Bedienung. Küche und Haushalt unterstanden in Berlin Herrn Kannenberg und Frau, in München einer Frau Winter, auf dem Obersalzberg in den ersten Jahren seiner Schwester, Frau Raubal, später einem Hausmeister. Frau Raubal fiel dann längere Zeit in Ungnade. In Verbindung mit Frau Goebbels und anderen Frauen wollte sie für ihn in den Jahren 1936/37 eine Frau suchen. Wer die Frau sein sollte, ist nie herausgekommen. Hitler hat nach der Auseinandersetzung mit seiner Schwester den Berghof sofort verlassen und fuhr nach München. Seine Schwester hat dann den Berghof längere Zeit nicht mehr betreten. Kannenberg wurde später Hausintendant des Führers. Mit Kannenberg bin ich niemals richtig warm geworden.

Auf der Hotelfachschule hatte ich wohl vieles gelernt. Frau Kannenberg, die bisher für die Ordnung in Hitlers Privaträumen sorgte, zeigte mir fast alles, „wie Herr Reichskanzler es haben will." Sie hat noch längere Zeit in seinen Zimmern nach ihrem Willen geschaltet, doch später gab Hitler den Befehl, daß nur ich Sachen anschaffen und seine Privatsachen besorgen dürfte. Die Folge war eine gewisse Spannung zwischen Kannenberg und mir. Und so war ich von da an weithin auf mich allein gestellt.

Bonzen, Frauen und Diplomaten

Bei der Verabschiedung vor dem Schlafengehen gab Hitler vor seinen ausgesprochenen Privaträumen mir die Zeit bekannt, zu der er am nächsten Morgen geweckt werden wollte. Die Worte lauteten „9 Uhr 30 werde ich geweckt. Um 8 Uhr die Meldungen und Zeitungen auf dem Hocker an der Schlafzimmertür. Gute Nacht!“ (Oft durch Handschlag.) Während der ersten Jahre in Berlin war die Weckzeit meist die gleiche. Meine Antwort war: „Gute Nacht! Ich wünsche angenehme Nachtruhe.“ Hitler schloß sich stets ein. Seine eigentlichen Privaträume waren im ersten Stock der Alten Reichskanzlei gelegen und bestanden aus dem privaten Arbeitszimmer, der Bibliothek, dem Schlafzimmer und dem Bad. In den ersten Jahren wurden die Meldungen und Zeitungen von dem in der Vorhalle diensttuenden SS-Mann nach oben gebracht und auf den besagten Hocker gelegt. Später mußte ich das selbst besorgen, d. h.: der SS-Mann brachte mir die Sachen und weckte mich. Dann legte ich die Meldungen und Zeitungen auf den Hocker. Der Grund für diesen kleinen Wandel war folgender: in dem Zeitungsdienste wechselten sich ungefähr 10 Mann des SS-Begleitkommandos ab. Da kam es vor, daß der eine oder andere mit dem Hocker an die Schlafzimmertür anstieß und somit eine unliebsame Störung verursachte oder den Hocker derart ungünstig aufstellte, daß die Zeitungen nur umständlich hereingenommen werden konnten. (Ich habe diesen Vorgang des Hereinnehmens einmal bewußt beobachtet: Hitler streckte nur die Hand nach den Zeitungen heraus. Das geschah ohne Hinsehen. Die Tür blieb dabei nur schmal geöffnet. Die Hand tastete erst nach dem Hocken Darum mußte er immer auf demselben Fleck stehen).

Und nun das Wecken: Während des ersten Jahres gab es noch keine Klingelleitung von meinem Raum zu seinen Räumen. Diese wurden erst später angelegt. Bis dahin ging ich jedesmal an die Tür des Schlafzimmers, klopfte an und wartete auf Antwort. Dann meldete ich mit den Worten: „Guten Morgen, mein Führer! Es ist (z.B.) 9 Uhr dreißig." Als dann die Klingelanlage gebaut war, drückte ich zunächst dreimal auf den Knopf. Die Glocke war in seinem Schlafzimmer am Kopfende seines Bettes angebracht. Dann wartete ich auf sein Gegenzeichen: Er drückte ebenfalls auf den Klingelknopf, der sich auf seinem Nachttisch befand, dreimal. Erst dann begab ich mich zur Tür, klopfte an, wartete auf Antwort und meldete die Uhrzeit. Die Antwort lautete: „Danke!" bzw. „Danke schön!" oder „Danke sehr!" je nach Laune. (Aus ihr konnte ich gar oft schon seine Stimmung folgern). Nur selten gab er hierbei irgend einen Wunsch bekannt. Nach dem Wecken ging ich nach unten zur Küche, bereitete das Frühstück selbst vor und richtete es her. Lediglich die Milch wurde von der in der Küche diensttuenden Person heißgemacht. Das Frühstück setzte sich immer folgendermaßen zusammen: Zwei Tassen mundwarme Vollmilch, bis 10 Stück Leibniz-Keks-Zwieback und 1/3 bis ½ Tafel zerkleinerte, halbbittere Schokolade. Die Milch hielt ich nun oben vor seinen Räumen in Mundwärme auf dem Kaffeewärmer bereit. Fast stets auf die Minute genau (wenn 9 Uhr 30 geweckt wurde, so 9 Uhr 52 bis 53) klingelte es. Auf einem Tablett das Frühstück tragend, begab ich mich nun ins Schlafzimmer und von hieraus in die Bibliothek. Die Schlafzimmertüre war die einzige, die er selbst aufschloß. Die anderen Türen zu öffnen war meine Sache. In den erwähnten 22 bis 23 Minuten hatte Hitler sich gebadet, rasiert und angezogen. Das Klingelzeichen gab er stets dann, wenn er sich den Rock anzog. Wurde auch einmal zu anderen Zeiten geweckt: die Zeitspanne seiner Toilette von gut 22 Minuten blieb immer die gleiche. Hitler hat sich stets selbst rasiert. Während meiner Dienstzeit bei ihm von 1934 bis Weihnachten 1943 ließ er sich meines Wissens nie von einem anderen rasieren. Er tat das selber und soll das auch bis zu seinem Ende so gehalten haben. Er brauchte zwei Apparate, zur Vorrasur einen und zur Nachrasur einen. In jeden Apparat wurde täglich eine neue Klinge eingelegt, so daß Hitler täglich zwei Klingen verbrauchte. Seine Seifenmarke war „Steckenpferd-Lilienmilch", seine Rasier-Creme „Peri", seine Hautcreme „Pfeilring" und sein Haarwasser „Dralles Birkenwasser". Das Haarwasser wechselte er einmal, kehrte aber später zur alten Marke zurück. Zum Baden nahm er Fichtennadel-Tabletten.

Beim Eintreten mit dem Frühstück grüßte ich meistens zuerst. Es kam aber auch oft vor, daß er zuerst grüßte. Mein Gruß war: „Guten Morgen, mein Führer!“ War meine Laune aber einmal getrübt, so auch nur „Morgen!“ Seine Erwiderung war auch „Guten Morgen“ oder auch nur „Heil!“ Ich antwortete dann noch mit dem Worte „Heil!“ ohne Zusatz.

Sein Frühstück nahm Hitler in der Bibliothek stehend ein. Dabei überflog er schnell die letzten Nachrichten bzw. Meldungen, die noch vom DNB (Deutsches Nachrichten-Büro) eingegangen waren und die ich mit dem Frühstück heraufgenommen hatte. Ich legte bei dieser Gelegenheit auch die Speisekarte für den Mittagstisch vor. Als erstes Gericht war darauf die Mahlzeit für Gäste und andere Personen verzeichnet. Dann pflegten drei vegetarische Gerichte aufgeführt zu werden, unter denen er sich für eines entschied oder zwei zu einem Gericht kombinierte. Es kam auch vor, daß er sagte: „Heute mittag mochte ich zwei Spiegeleier und etwas grünen Salat.“ Zu dem Gericht für die übrigen Mahl-Teilnehmer stellte er nur die Frage: „Paßt der Nachtisch auch zu der Speise?“ Das Frühstück dauerte drei bis fünf Minuten. Hitler begab sich danach hinüber in den offiziellen Arbeitsraum in der eigentlichen Reichskanzlei. Ich ging dabei voraus, denn es waren mehrere Räume zu durchlaufen, deren Türen von der Seite der Privatzimmer her verschlossen waren. Der Schlüssel steckte jedoch in jedem Schloß. Ich öffnete diese Türen und ließ sie bis zu den Büroräumen offen, wo ihn die Adjutanten erwarteten und begrüßten. Dann schritt ich denselben Weg zurück und schloß wieder von der Innenseite ab. Wieder in den Privaträumen, ließ ich die Zimmermädchen kommen. Es kamen meistens zwei von den dreien, die Dienst hatten. Diese säuberten die Räume, während ich nur die Garderobe an Ort und Stelle brachte und die Rasierapparate für den nächsten Tag vorbereitete.

Die Besprechungen im offiziellen Arbeitsraum der Reichskanzlei währten meistens bis 13 oder 14 Uhr. Während dieser Zeit war es meine Aufgabe, seine persönlichen Dinge zu ordnen. Wenn dann der letzte Minister bzw. Herr beim Führer weilte, bekam ich aus seinem Vorzimmer telefonischen Bescheid, der lautete zumeist: „Schatten! Der letzte ist drin!" (Die Bezeichnung meiner Person als „Schatten" geht auf eine scherzhafte Bemerkung des Herrn Werlin, Direktor der Mercedes-Benz-Werke, zurück, der einmal, auf eine Photographie weisend, mich mit seinem Schatten verglich). Nach diesem Anruf begab ich mich wieder hinüber, um die Türen wieder aufzuschließen und Hitler in seine Räume zu geleiten. Er begab sich hierauf ins Bad, um sich zu waschen. Anschließend ging es hinunter ins Rauchzimmer. Hier waren die Gäste, die zu Tisch geladen waren, und die Adjutanten versammelt. Gäste waren meistens Gauleiter und Bekannte Hitlers aus früheren Zeiten, die dienstlich oder zufällig in Berlin weilten und sich bei Hitlers Adjutanten gemeldet hatten. Meistens hat Dr. Goebbels am Mittagstisch teilgenommen. Hitler begrüßte sie alle mit Handschlag unter den üblichen Fragestellungen: „Wie geht es Ihnen?" „Was gibt es Neues?" usw. Ich ließ das Essen anrichten, und wenn die Suppe auf dem Tisch stand, meldete ich und zwar nur an Hitler: „Es ist angerichtet." Hierauf begab sich alles unter seiner Führung ins Speisezimmer. Hitler selbst nahm immer denselben Platz ein. Zu seinen rechten und linken Nachbarn bestimmte er immer persönlich zwei der Gäste. Ihm gegenüber pflegte Dr. Goebbels Platz zu nehmen. Im Speiseraum befanden sich ein Haupttisch und vier Nebentische. Am Haupttisch war für 12 Personen, an den Nebentischen für je 6 Personen gedeckt. Es waren durchweg Rundtische. Im allgemeinen zählten die Gäste beim Mittagessen 12 bis 20 Personen. Das Essen dauerte etwa 30 bis 35 Minuten. Während des Essens kam es stets zu munterer, freundlicher Unterhaltung. Waren sämtliche Personen mit dem Essen fertig, so hob Hitler die Tafel auf, nahm einen seiner Gäste an die Seite und betrat den Wintergarten. Die übrigen Herren, Gäste und Adjutanten, begaben sich wieder ins Rauchzimmer zurück zu einer Tasse Kaffee, einer Zigarette etc. Die Besprechungen im Wintergarten mit den einzelnen Herren waren manchmal nur von kurzer Dauer, konnten sich aber auch stundenlang hinziehen. Meistens sprachen in diesem Falle mit ihm der Stabschef der SA, der Reichssportführer von Tschammer und Osten, von Ribbentrop, Neurath usw., auch einzelne Gauleiter, die sich zwar nicht direkt gemeldet hatten, aber gern die Gelegenheit einer „offiziösen" Besprechung zu Tisch oder nach Tisch ergriffen.

Diplomaten waren seltener zu Gast. Von ihnen scheint er Molotow sehr hoch geschätzt zu haben. Nach den Besprechungen mit ihm im Herbst 1940 klatschte er sogar vor Freude in die Hände, als Molotow gegangen war, und sagte: „Jetzt kann der Westen einmal sehen, Krause, das hat wieder einmal geklappt." Auch der Herzog von Windsor, der spätere König VI. von England, hat ihm gefallen, nicht zuletzt wegen seiner Einstellung zur Jagd. Er war der Meinung, man solle Tiere mit Pfeil und Bogen erlegen und nicht auf 400 Meter Entfernung mit dem Zielfernrohr. Das Tier wisse ja gar nicht, woher die Gefahr drohe. Der Herzog von Windsor war begleitet von seiner späteren Frau, Miß Wally Simpson. Sie war eine sehr charmante Frau, und Hitler erklärte einmal, er könne es verstehen, daß der König ihretwillen abgedankt habe.

Auch die ausländischen Gäste konnten sich den faszinierenden Blicken Hitlers nicht entziehen. Bei den Besprechungen mit dem damaligen britischen Außenminister Sir John Simon und dem späteren Außenminister Sir Anthony Eden im Jahre 1934, verließ Eden vorzeitig das Besprechungszimmer. Wenn er länger geblieben wäre, so bemerkte er damals, wäre er mit allem einverstanden gewesen. Der bekannte Rennfahrer Carraciola sagte einmal, er möchte lieber ein 300 km Rennen fahren, als einmal allein mit Hitler zusammen sein. Das rege ihn viel mehr auf.

Von seinen Gauleitern schätzte Hitler diejenigen am meisten, die nicht ständig mit irgendwelchen Anliegen zu ihm kamen. Am nächsten stand ihm zweifellos Goebbels. Einmal kam dieser zu Hitler und erzählte scherzhaft, Roosevelt hätte ihm geschrieben und ihn aufgefordert, als sein Propagandachef nach Washington zu kommen. Hitler erwiderte: „Lieber Doktor, da müssen Sie sich halt entscheiden.“ „Nein, nein, ich bleib schon hier“, war die Antwort.

1931 hatte in Schwerin eine Wahlversammlung stattgefunden. Auf den Plakaten war Hitler als Redner angekündigt. Eintrittspreis: 60 Pfennig. Hitler war im letzten Augenblick verhindert und Goebbels mußte für ihn einspringen. Der Eintrittspreis wurde überklebt und mit 25 Pfennig festgesetzt. Bei guter Stimmung hat Hitler ihm später öfter gesagt: „Schweigen Sie still, Doktorchen, Sie sind ja nur die Hälfte wert.“ Rosenberg wurde zwar geschätzt, trat aber nicht weiter in Erscheinung. Von Ribbentrop war er begeistert. Neurath schätzte er als Repräsentanten, aber sonst nicht weiter. Über Göring hat er sich nicht lustig gemacht, auch nicht über seinen Uniformfimmel. Dabei hörte er Witze, auch politische Witze, recht gern. Solange gute Witze gemacht würden, meinte er einmal, dann wäre das ein Zeichen dafür, daß der Mann beliebt sei. Zweideutige Witze lehnte er ab. Sauckel hat er öfters gelobt. Von manchen wurde dieser geschnitten, weil er keine höhere Schulbildung hatte. Er war Maurer gewesen. Streicher stand ihm anfangs nahe. Später hat er ihn fallenlassen. „Sie mit Ihrem Stürmer können einpacken“, erklärte er ihm einmal. Von seinen Gauleitern hat er einmal gesagt, er müsse sie wohl alle noch einmal in die Schule schicken, damit sie etwas lernten, denn von diesem und jenem verständen sie überhaupt nichts. Auf einer seiner Autofahrten hörte er, daß einer der Gauleiter Nikotinvergiftung hätte. Da sagte er: „Es kommt noch so weit, daß ich das ganze Rauchen in Deutschland verbieten muß. Ich glaube aber, wenn ich das einführe, dann lachen mich meine alten Parteigenossen aus. Für die Devisen, die ich da einspare, kann ich jedem deutschen Arbeiter in 10 Jahren ein Haus bauen. Die Leute, die bei der Tabakindustrie ausfallen, bringt man leicht in anderen Produktionszweigen unter.“ Auf dem Berghof bestand einige Zeitlang striktes Rauchverbot, weil einmal eine Tischdecke oder ein Teppich angesengt waren.

Alle Aschenbecher mußten verschwinden. Nur der Kommandeur der Leibstandarte Sepp Dietrich und Ausländer durften in Hitlers Nähe rauchen.

Von den Ministern war Dr. Schacht wegen seiner Sachkenntnisse besonders geschätzt; doch bestanden keine persönlichen Beziehungen zu ihm. „In seinem Fach gibt es keinen Besseren", sagte er einmal, „man muß den Leuten nur die Hände binden, damit sie keinen Unsinn machen. Dann kann man sie auch auf ihren Posten lassen, ob daß meine alten Parteigenossen wollen oder nicht." Schacht war sehr genau. Für eine Tasse Kaffee, die 28 Pfennig kostete, ließ er sich im Speisewagen auf 30 Pfennig wieder 2 Pfennig herausgeben. Anschließend beschwerte er sich, daß der Kaffee zu teuer gewesen wäre. Bei irgendeiner Unterredung mußte Hitler etwas unterschreiben. Er machte dabei Tintenflecke auf seinen Uniformrock. Er forderte einen anderen Rock an. Ich aber ging hinaus und entfernte die Flekke mit Zitrone. Schacht war ärgerlich darüber und meinte, man solle nicht so leichtsinnig mit Devisen umgehen. Im Gegensatz zu ihm war sein Nachfolger, Dr. Funk, sehr viel großzügiger. Er gab selbst auf offener Straße Trinkgelder.

Daß man es mit Hitler leicht verderben konnte, mußte der Berliner Oberbürgermeister Dr. Lippert erfahren. Er fiel in Ungnade, weil er Unter den Linden und auf dem Wilhelmplatz zu kleine Bäume hatte setzen lassen, die Hitler ärgerlich „Talglichter" nannte. Man könne, so sagte er, genausogut 5 bis 6jährige Bäume setzen. War er einmal besonders schlechtgelaunt, so wurde einer der Adjutanten zu ihm geschickt, der ihn aufheitern mußte, oder irgend ein lustiger Film aufgeführt, so z. B. „Der zerbrochene Krug", den Hitler 3 oder 4 mal gesehen hat. War er guter Laune, so konnte er in sehr scherzhaftem Ton Anwesende und Abwesende, wie man wohl sagt, auf den Arm nehmen. Da kam keiner gegen ihn an. Sein Photograph Hoffmann hat es einmal versucht, mußte es aber aufgeben.

War Hitler aufgeregt, so rieb er sich nervös die Oberschenkel. Besonders hat ihn ein Eishockeyspiel auf der Winterolympiade 1936 in Erregung gebracht. Das Spiel endete 1:1. Hitler konnte vor lauter Aufregung das Ende des Spiels nicht abwarten, verließ das Stadion und ließ sich später das Ende des Spiels berichten. Seine Ungeduld war auch wohl der Grund dafür, daß er sich nur selten Darbietungen des Rundfunks anhörte.

In den ersten Jahren wurde gegen ½ 5 Uhr nachmittags zum Kaffeetrinken im Hotel Kaiserhof gerüstet. Einzelne Männer des Sicherheitskommandos begaben sich zu Fuß über den Wilhelmplatz zum Kaiserhof. Hitler, ein bis zwei Adjutanten und ich fuhren im Wagen über den Wilhelmplatz zum Nebeneingang des Hotels, wo uns der Geschäftsführer und ein Mann vom Begleitkommando erwarteten und in die Halle führten. Hier war immer ein Ecktisch reserviert. An dieser Kaffeetafel nahmen auch Göring und Goebbels teil, jedoch selten zusammen. Meistens war es Goebbels allein. Hier ging es ebenfalls zwanglos, von Plaudereien gewürzt, zu. Saßen zufällig einmal Bekannte, z. B. vom Film, von den Gauleitungen und aus dem öffentlichen Leben in der Nähe, so wurden sie auch an seinen Tisch gebeten. An Nebentischen in der Nähe saßen die Begleiter der beiden Schutzkommandos und ich. Stets mußte mein Platz, wenn auch in beliebiger Entfernung, in seinem Blickfeld sein, d. h. er wollte mich und ich sollte ihn stets im Blickfeld haben. An dieser Kaffeetafel nahmen alle in Zivil teil, vor allen Dingen die Begleiter. Auch Hitler selbst war nur selten in Uniform. Das war sein persönlicher Befehl. Die Kaffeetafel dauerte meist bis ½ 7 oder 7 Uhr, dann ging es zurück zur Reichskanzlei. Hier wurde alles zum Abendessen vorbereitet. In den ersten Jahren waren fast immer Schauspieler und Sänger von der Oper, vom Film und Theater zum Essen eingeladen. Auch das Abendessen ging zwanglos vonstatten. Während des Essens legte ich eine Filmliste vor, auf der vier bis sechs Filme des In- und Auslandes aufgeführt waren. Hitler bestimmte dann, welche Filme diesen Abend laufen sollten. Im Anschluß an das Abendessen, nachdem im Rauchzimmer noch rasch eine Tasse Kaffee serviert worden war, wurde der

Musikraum für die Filmvorführung hergerichtet. (Die Einrichtung der Filmvorführung war dieselbe wie in einem öffentlichen Lichtspieltheater). Die Filme wurden vom Propaganda-Ministerium oder irgend einer Filmverleihanstalt zur Verfügung gestellt. Es wurden bis zu drei Filme vorgeführt. Entsprach ein Film dem Geschmack Hitlers nicht, mußte ein anderer Film eingesetzt werden. Hitler brach dann die Vorführung etwa mit den Worten ab: „Abbrechen! So'n Quatsch! Den nächsten!" Adolf Hitler hat bis Kriegsanfang jeden Film in- und ausländischer Produktion, der in Deutschland gelaufen ist, gesehen. Er sah auch die Filme, über welche sich die Filmprüfstelle des Propaganda-Ministeriums im Hinblick auf die Freigabe für Deutschland noch nicht einig war. Hitler fällte dann selbst die Entscheidung.

Während des Krieges hat Hitler außer den Wochenschauen keine Filme mehr gesehen. Die Wochenschauen wurden stumm vorgeführt. Den Text dazu verlas einer der Adjutanten, und Hitler prüfte ob der Text auch zum Bilde paßte. Oft änderte er auch daran. Vom Winter 1942 ab sah Hitler auch die Wochenschauen nicht mehr an.

Nach den Vorführungen – gegen 12 Uhr nachts – ging es ins Rauchzimmer zurück. Hier hatten Ordonnanzen in einer gemütlichen Ecke die Kaffeetafel hergerichtet. In bunter Reihe nahm alles Platz und eine regelrechte Plauderstunde begann. Sämtliche alkoholischen Getränke, sowie Kaffee und Kuchen, belegte Brote usw. wurden serviert. Hier hat man sogar, wenn auch selten in seiner Nähe, geraucht. Die Unterhaltung war zwanglos. Es wurde über alles gesprochen – nur nicht über Politik! Man kam vom Hundertsten ins Tausendste. Selbst die Moden der Damen wurden diskutiert. Bei diesen Plaudereien konnte man feststellen, daß Hitler wirklich ein sehr unterhaltender Gesellschafter war. Das wurde mir auch persönlich nicht nur von deutschen, sondern auch oft genug von ausländischen Gästen gesagt. Bei diesen Unterhaltungen war ich auch meistens zugegen und konnte alles hören und sehen, denn ich war nur etwa ein bis zwei Meter von Hitlers

Runde entfernt. Diese Unterhaltung dauerte oft bis nachts 2, ja selbst 3 Uhr. Nachdem sich die Gäste alle verabschiedet hatten, wurden die Zeiten für die zum nächsten Tag angesetzten Besprechungen mit Ministern, Diplomaten und Männern der Partei, der Wirtschaft usw. festgelegt. Die Audienzliste kam von Lammers und Meißner. Ich meinerseits legte noch die letzten Abendzeitungen und Meldungen des DNB vor, die Hitler noch eingehend studierte. Indessen richtete ich ihm noch einen Tee fürs Schlafzimmer (Baldriantee mit einer kleinen Flakonflasche Cognac), den ich auf dem „Nachtkastl" bereitstellte.

Hatte er die Zeitungen und Nachrichten gelesen, so begab er sich in seine Räume nach oben. Selten nur waren zu dieser Zeit noch mehr Personen anwesend als der diensttuende Adjutant, eine Ordonnanz (Kellner) und ich. Diese Einteilung des Tageslaufs in Berlin blieb sich während der ersten Jahre fast immer gleich, etwa bis zum Jahre 1937. Bis zu diesem Zeitpunkt waren wir auch niemals an einem Sonntag in Berlin.

Es geht auf Reisen

Die Wocheneinteilung war wie folgt: Die Besprechungen, welche die Anwesenheit des Reichskanzlers in Berlin notwendig machten, fanden von Dienstag bis Freitag statt. Am Freitagabend oder am Sonnabend im Lauf des Tages ging es stets von Berlin fort. Das häufigste Ziel war München und von dort aus Berchtesgaden-Obersalzberg. War man sich über Fahrtziel und Unternehmen nicht schlüssig, so wurde oft durch ein Markstück entschieden, so z. B. Frage: „Gehen wir ins Theater oder nicht?" War er (bzw. man) sich nicht einig, dann nahm Hitler ein Markstück zur Hand: die Vorderseite bedeutete DAFÜR, die Rückseite DAGEGEN. Das Markstück wurde dann von ihm selbst in die Höhe geworfen und zu Boden fallen gelassen. Damit war der Fall entschieden. Auf der ersten Phase eines Fluges nach München kam Hitler einmal auf den Gedanken, in Nürnberg zwischenzulanden, dort ins Theater zu gehen und erst am nächsten Tage – je nach Wetterlage – nach München weiterzufliegen oder zu fahren. Auch das entschied Hitler durch das Geldstück. Gegen diesen Entscheid hat er niemals entschieden. (Ob er das aber auch bei politisch-wichtigen Entscheidungen so gemacht hat, entzieht sich meiner Kenntnis). Das Wochenende hat er in den ersten Jahren ausschließlich in München bzw. auf dem Obersalzberg verbracht.

Am Montag ging es dann wieder mit Flugzeug oder Zug nach Berlin. In der ersten Zeit wurde ein Sonderwagen an den fahrplanmäßigen D-Zug München-Berlin bzw. Berlin-München angehängt. Später wurde ein ganzer Sonderzug zusammengestellt. Dieser, sowie auch die beiden Flugzeuge, die zu seiner Verfügung standen, begleiteten uns immer. Sind wir geflogen, so machte der Sonderzug die Fahrt leer bis zum Reiseziel mit. Sind wir mit dem Auto gefahren, so mußten der Zug und die Flugzeuge stets nachgezogen werden. (Das beliebteste Fahrzeug für die Reise war für Hitler das Auto. An zweiter Stelle stand der Zug und – nur aus Zeitersparnis! – an dritter Stelle das Flugzeug!) Das Reisen war überhaupt eine seiner beliebtesten Beschäftigungen. Die Besprechungen im Büro, wie überhaupt alles, was mit Büroarbeit zusammenhing, hat er fast gehaßt. Seine eigenen Worte dazu waren: „Ich kann mir nichts Schrecklicheres vorstellen, als tagaus, tagein im Büro zu sitzen und dort über Akten etcetera pp. zu hocken und dadurch mein Leben zu fristen. Ich habe direkt Angst vor dem Alter, wenn ich nicht mehr auf Reisen gehen kann, wie ich möchte." Das sagte er einmal im Auto.

Alle Reisen, die gemacht wurden, bestimmte er selbst. Vor allem von denen, die im Auto vonstatten gingen, wußte niemand das Wohin und den Verlauf. Meist erst in der letzten Minute gab er das Ziel bekannt. Aber auch dieses war nicht bindend, denn wir sind oft ganz andere Routen gefahren als aufgegeben. Das Endziel war ja fast immer bekannt, aber auf welchen Straßen es erreicht werden sollte, bestimmte Hitler an Hand der Straßenkarte im Wagen selber. So sind wir oft über viele Umwege kreuz und quer durch Deutschland an den Ort gekommen, der als Tagesziel gesteckt war. Die Wagenkolonne, die auf Reisen ging, bestand meistens aus vier bis sechs Wagen, außer bei offiziellen Fahrten, bei denen es oft mehr wurden. Erster Wagen: Führerwagen, dann SS-Begleitwagen, Kripo-Begleitwagen, Adjutantenwagen und zuletzt der Gepäckwagen, Die Kolonne bestand nur aus Mercedes-Fahrzeugen, denn Hitler liebte es nicht, wenn in der Kolonne ein Fahrzeug anderer Marke mitfuhr.

Hitler bekam einmal zum Geburtstag einen HORCH-Wagen geschenkt. Der mußte getauscht werden. Er hat in diesem Wagen eine einzige Fahrt gemacht. Rudolf Heß erhielt ihn und gab dafür einen Mercedes her. Auf meine Frage, die ich einmal an Hitler richtete, warum er nur Mercedes-Wagen fahre, bekam ich eine sehr kurze Antwort: „Er ist der beste Wagen." Als ich aber andere Wagenmarken lobte, sagte er: „Der eigentliche Grund ist der: In meiner Kampfzeit wollte ich einen Maybach haben. Der wurde mir aber vom Werk versagt, weil ich nicht genug ‚Repräsentant' sei. Man sagte mir damals kurz:

,Für einen Hitler gibt es keinen Maybach-Wagen.' (Ich sehe ihn heute noch bei diesen Worten lächeln). Von den Mercedes-Werken erhielt ich auch erst durch Verbindung mit einem der Direktoren einen Wagen. Und ausschlaggebend für den Mercedeswagen war für mich ein Zusammenstoß mit einem anderen Fahrzeug auf der Strecke Nürnberg-München. Dieses Fahrzeug ging in Trümmer und an meinem Wagen waren nur die Kotflügel und Trittbretter beschädigt. Damals entschloß ich mich, in meinem Leben nur noch Mercedeswagen zu fahren." Dieses war der eigentliche Grund. Bis auf ganz kleine Ausnahmen, meistens Probefahrten (Volkswagen!), hat er diesen Vorsatz gehalten. Fuhr er einmal einen anderen Wagen, so hat er sich nie wohl und sicher darin gefühlt, und jedesmal sagte er: „Nein, da ziehe ich doch meinen Mercedes vor!"

Eine andere Anekdote ist mir auch noch in Erinnerung geblieben. Seit ich im Wagen hinter Hitler saß, mußte ich ihm – bevor er sich auf seinen Sitz fallen ließ – den Kragen hochziehen. Das hatte die Bewandnis, daß es schlichtweg besser aussah, wenn der Kragen durch das Sitzen auf dem Mantel nicht auf den Rücken heruntergezogen wurde. Hitler sagte bei so einer Gelegenheit zu mir: „Wenn Sie einmal ihre Memoiren verfassen, vergessen Sie bitte nicht zu schreiben, daß sie Adolf Hitler am Kragen hochgezogen haben!"

Der Kampf mit der Krawatte

Zu meinen Hauptobliegenheiten gehörte die Pflege der Garderobe. Zur Zeit meines Dienstanfangs besaß Hitler einen Frack, einen Smoking, einen Cutaway (den er während meiner Zeit niemals angezogen hat, dem Vernehmen nach zum letztenmal am „Tag von Potsdam", dem 21. März 1933), einen Teeanzug (den er niemals mehr anzog), einen blauen, einen braunen und einen hellen Straßenanzug. Dazu kamen die Uniformen: fünf Röcke, zwei davon zum Umschnallen, also für Koppel (Hitler nannte es nicht Koppel, sondern nur „Gehänge"), drei lange schwarze Hosen und vier Stiefelhosen. Die Zivilsachen (vor allem die Straßenanzüge) waren dermaßen abgetragen, daß sie auch ein mittlerer Beamter nur noch zum Dienst getragen hätte. Auf mein Drängen hin hat er erst nach geraumer Zeit, dem Ersuchen von Frau Goebbels, von Frau Troost und nicht zuletzt Eva Brauns nachgebend, sich mehrere Anzüge sowie Frack, zweireihigen Smoking und Uniformen anfertigen lassen. Die Uniformen wurden in Berlin, die Zivilanzüge in München gemacht. Mäntel wurden im Konfektionsgeschäft Herpich, Berlin, Leipziger Straße gekauft. Selten nur ließ Hitler vom Schneider Maß nehmen oder Anproben machen. Der Schneider mußte fast immer nach eigenem Gutdünken und nach den alten Uniformen arbeiten. Wie oft habe ich Hitler gebeten und gefragt: „Wann kann der Schneider kommen? Er möchte mal wieder Maß nehmen oder eine Anprobe machen." Es war fast aussichtslos. Während meiner ganzen, fast zehnjährigen Tätigkeit ist der Umformschneider keine zehn Mal zum Maßnehmen oder Anproben gekommen. War es mir aber einmal möglich, Hitler für eine Anprobe zu gewinnen, so durfte diese auch nur höchstens 2 bis 3 Minuten dauern. Denn nichts war ihm mehr zuwider!

Hitler trug all seine Kleidung locker am Körper hängend. Was mußte ich mir da manchmal alles an Kritik anhören! Von allen Seiten, auch in Briefen aus dem Volke, wurden mir sehr oft Vorhaltungen gemacht. Mir wurde die Schuld zugeschrieben. Es sei meine Sache und es sei ein Spiegelbild meiner Tätigkeit! Ich hätte dahin zu wirken, daß der Führer Deutschlands in gutsitzenden Uniformen bzw. Anzügen sich der Öffentlichkeit zeige! Daß das für mich nicht leicht, ja, im Blick auf die Uniformen geradezu unmöglich war, das werden sicher noch heute mehrere Personen wissen. Oft habe ich an einem Rock oder an einer Hose etwas ändern lassen. Ich ließ z. B. die Taille eines Rockes etwas enger machen. Wenn ich dann das Kleidungsstück zum Anziehen herrichtete, war ich selber gespannt. Doch, o weh! Er hatte es noch gar nicht zugeknöpft, als ich schon zum Empfang meiner „Zigarre" kommen mußte, an deren Hälfte ich bereits genug hatte. So habe ich es später aufgegeben, in dieser Richtung Vorstöße zu machen. Ich sah nicht ein, weshalb ich mir immer wieder Unannehmlichkeiten bereiten sollte. Lieber ließ ich mir da die Vorhaltungen von anderer Seite gefallen, lächelte darüber und dachte nur: Oh, wenn ihr wüßtet!

Hitler zeigte sich in der Öffentlichkeit nur in den seltensten Fällen ohne Kopfbedeckung. Seine Hüte (es waren Velours-Hüte) wurden in München bei Seidl gekauft, die Mützen für die Uniform in Berlin. Die Art und Weise, wie er die Mütze trug, war „unmöglich". Hierin mag er ganz eigene Ansichten gehabt haben. Des öfteren sagte ich ihm: „Das ist eine richtige Briefträgermütze" oder „Die Fahrdienstleiter bei der Eisenbahn, die tragen solche Deckel, aber sonst kein Mensch!" Er hat mich dann von oben bis unten angesehen und gesagt: „Trage ich die Mütze oder Sie?" Meine Erwiderung, was ich von anderen alles anhören müsse, störte ihn nicht im Geringsten. Ich hatte einmal auf einem Parteitag aus seiner Mütze den Drahtbügel entfernt. Die Mütze saß hundertprozentig besser. Er merkte es nicht gleich. Erst als wir unterwegs waren, stellte er im Wagen fest, daß der Draht fehlte. Damals fürchtete ich, er würde mich persönlich aus dem Wagen werfen. Ich bekam einen ungeheuren Anranzer. Ich bin dann während der Tagung in der Kongreßhalle zum Hotel zurückgefahren und habe den Drahtbügel geholt und wieder eingesetzt. Gleich merkte er es, hatte sofort wieder bessere Laune und verbot mir strikt, noch jemals an der Mütze etwas zu ändern. Ich glaube allerdings, das ganze Volk hat über die Art, wie er seine Mütze trug, gelacht. Mit den Schuhen und Stiefeln war es genauso. Von seinen alten Schaftstiefeln konnte er sich einfach nicht trennen. Diese hatte er vor meiner Zeit irgendwo einmal erstanden. Auch besaß er an Schaftstiefeln nur dies eine Paar. Ich habe etwa drei Paar Schaftstiefeln anfertigen lassen, aber sie gefielen ihm nicht. Immer wieder zog er die „ollen Dinger“ an. War einmal das Besohlen nötig, dann mußte das in der Nacht geschehen, damit sie am nächsten Morgen fertig waren. Auch diese Stiefel mit den unansehnlichen Falten waren Landesgespräch. Ihn zu anderen zu überreden vermochte ich nicht. Erst beim Mussolini-Besuch in Italien hat er sich doch bequemt, auch ein anderes Paar Stiefel anzuziehen. Die alten mußten aber auch weiterhin auf allen Fahrten mitgehen. Ich muß allerdings bemerken, daß diese Stiefel, so robust sie auch aussahen und aus dickem Leder, man könnte sagen Sohlenleder, gefertigt sein mochten, doch sehr weich und vor allem federleicht waren. An Schuhen trug er fast ausschließlich Lackhalbschuhe. An einfachen Lederhalbschuhen waren zwei Paar vorhanden. Hohe Schnürschuhe mit Gummisohlen besaß er nur ein Paar. Diese zog er nur bei kühler Witterung zum Spazierengehen an. Außerdem nannte er noch ein Paar Bergstiefel sein eigen. Ihn dahin zu bekommen, zum hellen Anzug farbige Schuhe anzuziehen, war lange Jahre hindurch unmöglich. Er trug die ersten drei Jahre grundsätzlich auch zu hellen Anzüge schwarze Seiden- bzw. Florstrümpfe und schwarze Lackhalbschuhe. An den Strümpfen hatte er auch oft etwas auszusetzen, denn sie waren ihm beständig in der Wadenlänge zu kurz, so daß sie ihm angeblich herunterrutschten. Er rief aus: „Ist es denn nicht möglich, daß der Führer des deutschen Volkes ein Paar vernünftige Socken bekommt?“ Frau Kannenberg und ich klapperten die Geschäfte Berlins ab. Die schwarzen Schuhe zu den farbigen Anzügen waren ein Greuel. Aber auch hierin gelangte er erst nach mehreren Jahren zur Einsicht. Ich hatte schon lange vorher drei Paar braune Schuhe und auch farbige Strümpfe eingekauft und jedesmal, wenn einer der hellen Anzüge hergerichtet wurde, die braunen Schuhe dazugestellt. Aber jedesmal holte er sich die schwarzen Lackschuhe selbst aus dem Schrank und ließ die farbigen stehen. Erst im Jahre 1937 hatte ich mit Frau Goebbels bei einem Vorstoß in dieser Angelegenheit Erfolg. Ich hatte auch Frau Prof. Troost, auf deren Geschmack und Farbenzusammenstellungen er sehr viel gab, und Fräulein Braun gebeten, dahin zu wirken, die farbigen Schuhe zu tragen. Das alles blieb ohne Erfolg.

Mit den Krawatten war es ebenso. Auch hierin war er höchst eigensinnig. Obwohl ich schon jedesmal zu einem Straßenanzug zwei bis drei passende Krawatten bereitlegte, mußte ich feststellen, daß er sich doch aus dem Schrank die unpassendste erwählt hatte. Erst als er eines schönen Tags im hellen Anzug das Atelier Troost in München besuchte und an diesem Tage – vielleicht aus Eile – sich keine Krawatte selbst aus dem Schrank hervorholte, sondern gleich die Krawatte umband, die bereit lag und zu deren glücklichen Wahl von Frau Troost beglückwünscht wurde, wählte er seine Krawatte nicht mehr selbst. Frau Troost kritisierte ihn oft. „Mein Führer! Unmögliche Krawatte!" Vorwurfsvoll schaute sie dabei auf mich. Ich sagte dann: „Die passende liegt zu Hause." Nämlich im Kästchen am sogenannten „Hausknecht", jenem praktischen Kleiderhalter, den ich hatte machen lassen. Die Krawatten hat er sich stets selbst gebunden. Die Schleifen für Frack und Smoking mußte ich ihm binden. Das mußte aber sehr rasch, etwa in 25 Sekunden, geschehen sein. Nach dieser Zeit mußte sie sitzen, andernfalls wurde er ungnädig und trat von einem Bein auf das andere. Ich glaube, dann brachte keiner mehr eine gute Schleife bei Hitler fertig. Ich verfügte allerdings in diesem Punkte über einen guten Schuß Ruhe, die ihn manchmal wütend machte. Einmal fragte er mich, was ich mir eigentlich dächte, wenn er mich ausschimpfte. Ich erwiderte ruhig: „Dann ist der Dienst wieder etwas interessanter und nicht so eintönig." Auch äußerte er einmal auf dem Obersalzberg bei Tisch vor mehreren Gästen: „Seht Euch mal hier meinen Krause an – den kann eigentlich nichts erschüttern. Wenn ich mal Krach mache, hat er ein kleines, ironisches Lächeln für mich oder guckt mich mit einer ganz unschuldsvollen Miene an und denkt sich sicher sonstwas. Dem seine Ruhe möchte ich einmal fünf Minuten lang haben."

Am 2. Pfingstfeiertag 1937 erregte ich einmal stürmische Heiterkeit: Viele hohe Persönlichkeiten des damaligen Deutschlands, sowie alle Gau- und Reichsleiter waren in München zu einer Tagung beisammen. Wir befanden uns auf dem Obersalzberg. Der Führer ließ plötzlich durch mich diese Münchener Tagungsteilnehmer zur Besichtigung des damals noch nicht ganz fertiggestellten Führerhauses in München fernmündlich einladen. Wir sind dann nach München geflogen. Es wurde für ihn nichts mitgenommen, da wir abends wieder zurück sein wollten. Vorsorglich nahm ich aber doch einen hellen Anzug mit. Auf der Autofahrt von seiner Privatwohnung im Prinzregentenplatz, wo wir zunächst abstiegen, zum Führerbau kamen wir am „Haus der Deutschen Kunst“ vorbei. Es war herrlichster Sonnenschein. Hitler sagte mir: „Wir hätten doch einen hellen Anzug mitnehmen können. Ich hätte mich dann nach der Besichtigung umgezogen und wir hätten eine Tasse Kaffee auf der Terrasse vom ‚Haus der Deutschen Kunst‘ trinken können.“ Ich erwiderte: „Ich habe vorsorglich einen hellen Anzug mit.“ Worauf er sagte: „Kann den jemand herrichten, oder müssen Sie in die Wohnung fahren?“ Und da sagte er zum ersten Mal: „Und die braunen Schuhe dazu!“ Ich sagte ihm, daß den Anzug auch Frau Winter herrichten könne, die ich vom Braunen Haus aus anrufen wolle. Nachdem ich Frau Winter angerufen und gebeten hatte, den Anzug, den ich im kleinen Koffer mithatte, herzurichten und die braunen Schuhe dazuzustellen, war die Sache für mich erledigt. Aber kurz darauf wurde ich von Frau Winter angerufen, die mir eröffnete, daß keine braunen Schuhe vorhanden seien. Ich erschrak zunächst. Da aber Hitler bisher durchwegs schwarze Schuhe zum hellen Anzug getragen hatte, war ich doch nicht sehr außer Fassung. Als ich wieder im Führerbau bei der besichtigenden Gruppe anlangte, befand man sich gerade in dem Raum, der zum Plenarsitzungssaal ausgebaut werden sollte. Alle Herren waren hier versammelt. Hitler wollte nun die Akustik ausprobieren. Er forderte einen der Anwesenden auf, ein paar Worte zu sprechen oder zu singen. Als sich aber niemand meldete, hielt Hitler Umschau und gewahrte mich. Er rief: „Na, wenn Sie, meine Herren, alle Angst haben, dann wird eben einer von meinen Leuten das übernehmen.“

So erhielt ich den Auftrag, an die andere Seite des Raumes zu gehen und einen Schwank aus meinem Leben zu erzählen. Alles atmete auf. Jeder freute sich, daß er glücklich um diese Sache herumgekommen war. In Hitlers Nähe waren eben die meisten Angsthasen. Ich selber war mit meinen Gedanken immer noch bei den vergessenen Schuhen und überlegte mir gerade, wie ich es ihm am besten „beibiegen" könnte, ohne wieder einen Anranzer zu erhalten. Als ich zur anderen Seite des Raumes schritt, wußte ich noch nicht, was ich dort sagen wollte. Drüben aber angekommen, drehte ich mich kurz entschlossen um und sagte laut: „Bitte, mein Führer, heute abend die schwarzen Schuhe anziehen, da ich die braunen vergessen habe!" Man kann sich kaum vorstellen, welches Maß von Heiterkeit diese paar Worte, mit denen ich mich eines Alpdrucks entledigte, bei den Anwesenden auslöste! Hitler bemerkte nach meinen Worten zu Gauleiter Wagner, Frau Prof. Troost und dem Architekten Gall: „Da seht ihn Euch an! Da geht er 50 m weit weg, damit ich ihm keine langen kann!" Noch Jahre später hat Hitler bei verschiedenen Gelegenheiten diese Episode zum Besten gegeben. Jedenfalls aber bin ich damals gut weggekommen. Hitler hat sich an jenem Tage nicht mehr umgezogen. Wir sind in Uniform zum Kaffeetrinken gegangen und anschließend wieder zurück zum Berghof gefahren. Wie gesagt, die Bekleidungsfrage war, wenn Hitler auf Reisen ging, für mich schwierig. Ich erhielt niemals, oder nur ganz selten nähere Anweisung, was alles für die Reise mitgenommen werden sollte. Seine Weisung lautete etwa: „Richten Sie sich ein für längere Zeit" oder „für mehrere Tage" sonst kein Wort. Nur bei kleineren Tagesreisen äußerte er sich mal: „Sie können dieses oder jenes mitnehmen, ansonsten brauche ich nichts." Aber wehe dann, wenn etwas gebraucht wurde und nicht zur Hand war! Dann hatte natürlich ich die Schuld. Darum baute ich mit der Zeit vor und habe Mögliches und Unmögliches mitgenommen, nur um für alle Fälle gerüstet zu sein. Ich darf wohl sagen: Es gibt wenig Leute auf Erden, die so viel gepackt haben wie ich in diesen verhältnismäßig wenigen Jahren! Denn an jedem Reisetag – auch im Hotel und auch bei kürzestem Aufenthalt – wurde alles aus- und eingepackt. Und dabei mußte das, vor allem am Morgen, unheimlich schnell gehen. Denn Zeit ließ mir Hitler zu diesen Arbeiten wirklich nicht. Auch mußten alle Kleidungsstücke, auch Frack, auch Smoking so gepackt werden, daß er sie ohne vorheriges Bügeln aus dem Koffer heraus anziehen konnte.

So einfach, wie Hitler im allgemeinen lebte, so leicht man mit ihm in engem Bekanntenkreise umgehen konnte – da gab es so gut wie keine Etikette – so schwierig war er, wenn Gäste anwesend waren. Da wurde er unberechenbar. Und das umso mehr wenn Damenbesuch zu erwarten stand oder zugegen war. Da konnte man was erleben! Nichts konnte gut genug sein. Die ganze Umgebung wurde von diesem Fieber angesteckt. Wehe der Ordonnanz, wehe auch mir, wenn etwas schief ging! Der Krach selbst für die geringste Kleinigkeit lauerte einem bei Schritt und Tritt auf. Welch ein Aufatmen, wenn alles vorbei war und es einigermaßen geklappt hatte! Dann kam es sogar vor, daß man ein Lob von ihm erhielt. Ging aber etwas daneben, dann hatte man ausgespielt für diesen Tag – sicher auch noch für den nächsten, und es war dann immer ratsam, daß man sich vor ihm nicht blicken ließ, ganz und gar nicht, wenn er nicht gerufen hatte. Es kam vor, daß er heute eine Sache lobte und morgen verwarf und umgekehrt.

Ein Beispiel: Ich ließ für Hitler einmal kurze Unterhosen anfertigen und zwar aus dem gleichen Stoff wie die, die er trug. Die gleiche Schneiderin nähte sie nach den gleichen Maßen. Als sie fertig waren legte ich sie zu der übrigen Unterwäsche. Eines Morgens trete ich mit dem Frühstück ein und – siehe da: die neuen Unterhosen fielen mir mit den Worten vor die Füße: „Die Dinger nehmen Sie mal gefälligst wieder raus. Es sind ganz unmögliche Hosen!“ Ich nahm sie fort. Sie kamen zum Eisernen Bestand, und ich habe sie auch selbst getragen. Nach einigen Wochen, als wir uns auf längerer Reise zufällig in Godesberg befanden, ging die Unterwäsche aus. Frische Wäsche aus Berlin, die schon auf dem Wege war, kam bis zum Abend nicht heran. Was tun? Ich ging zu meinem Gepäck. Dort hatte ich noch von besagten, von mir nun bereits getragenen Unterhosen, drei Stück in neugewaschenem Zustand.

Ich nahm sie und legte sie für den nächsten Morgen bereit. Natürlich nahm ich an, er werde sie wieder beanstanden. Die Gewißheit jedoch, daß der Wäschekurier aus Berlin bald eintreffen müsse, erleichterten mir meine Befürchtungen. Aber wie war ich erstaunt, als ich feststellen konnte, daß er diese Hosen ohne jede Äußerung angezogen hatte! So war es denn damals sicher nur eine Laune gewesen.

Ein anderes Beispiel: der graue Uniformrock! Auf eigene Kappe hatte ich ihn anfertigen lassen, da Hitler mit seinem braunen Rock bei Wehrmachtsbesichtigungen und Manövern sehr abstach. Als wieder einmal eine Besichtigung bei der Wehrmacht war und ich ihm diesen grauen Rock zeigte, erwiderte er nur: „Mit dem können Sie machen, was Sie wollen. Ich werde nur meinen braunen Rock tragen, solange ich lebe." Wie war ich erstaunt, als etwa ein halbes Jahr später, zum Kriegsanfang am 1. September 1939, er nachforschte, ob der graue Rock noch vorhanden sei. Zögernd nur antwortete ich mit „Ja". Er ließ ihn sich sogleich zeigen, probierte ihn an und gab den Auftrag, noch mehrere Röcke dieser Art anfertigen zu lassen. Ich äußerte: „Nanu, mein Führer! Jetzt ist es doch gut, daß ich den grauen Rock schon da habe."

So gab es viele Angelegenheiten, die von Hitler abgelehnt wurden und später bei passender Gelegenheit Anerkennung fanden. Seine Wäsche wechselte Hitler nach Bedarf. Es kam vor, daß er tagtäglich zweimal, ja dreimal wechselte, wiedermal aber auch zwei bis drei Tage nicht wechselte. Er trug nur dünne Socken, auch in den Schaftstiefeln, stets nur kurze Unterhosen, auch im Winter bei größter Kälte, trug niemals ein Unterhemd, Hemd und Kragen getrennt, also kein Sporthemd, auch niemals ein farbiges, sondern nur weiße Hemden. Seine Anzüge waren zweireihig. Außer zum Frack hatte er keine Westen. Er trug keinen Leibgurt, sondern Hosenträger, zur Nacht keinen Schlafanzug, sondern nur ein Nachthemd aus einfachem Leinen.

Butter oder Kanonen

Im Hinblick aufs Essen mußte man Hitler eigentlich bedauern. Er lebte streng vegetarisch. Auch wurde für kürzere Zeitspannen nur Rohkost eingelegt. Sein Entschluß, nur vegetarisch leben zu wollen, geht bis in die Zeit des ersten Weltkrieges zurück. Nach seiner damaligen Verwundung wurde ihm durch den behandelnden Arzt Diätkost verschrieben. Und wie immer, wenn Hitler irgend etwas gut bekam, so blieb er dabei. Er sagte einmal: „Sehen Sie: Ein Löwe frißt eine Unmenge Fleisch, wird dann träge und verschwindet in irgendeinem Winkel, um zu schlafen. Ein Kamel dagegen bekommt einen Sack Heu und ist den Strapazen der Wüste gewachsen. Warum sollte ein Mensch nicht auch durch vegetarische, also fleischlose Kost strapazierfähiger sein?"

In Berlin war der ganze Küchenbetrieb hotelmäßig aufgezogen. Die Speisezubereitung unterstand Herrn und Frau Kannenberg. In der ersten Zeit hat Frau Kannenberg für Hitler selbst gekocht. Weil das Essen aber zu eintönig wurde, kam eine besondere Köchin für ihn. Von deren Kochkunst war er zu Anfang, wie stets, begeistert, weil sie etwas Neues brachte. Diese Begeisterung währte aber nicht lange, denn bald wurde das Essen wieder eintönig. Mehrere Köchinnen nacheinander wurden für ihn engagiert, so z.B. auch für eine Rohkostkur von vier Wochen. Dann kam wieder eine andere. Köchinnen der Wiener Küche zog er naturgemäß vor. Einzelne Köchinnen, die wirklich etwas konnten, blieben aber nie lange, weil sie sich mit Kannenberg nicht gut stehen konnten. Ich habe Hitler in den ersten Jahren ausschließlich selbst bedient. Ich muß sagen: etwas Eintönigeres als sein Essen gab es kaum wieder! Es ist vorgekommen, daß man ihm vier bis fünfmal Semmelknödel, immer dieselben, nur etwas anders zubereitet, geröstet, gebraten oder gekocht usw., vorgesetzt hat. Mengenmäßig hat Hitler wenig gegessen. Erst ab 1941 fing er mit Ölsardinen an, sonst hat er auch niemals Fisch gegessen. Er verabscheute alle Speisen, die mit Fleisch etwas zu tun hatten

– außer Leberknödel. Selbst den schönsten Braten bezeichnete er als „Leichenfraß“. „Leichenfresser“ nannte er uns. Seine Mahlzeiten setzten sich folgendermaßen zusammen: zuerst immer eine Suppe, dann der Hauptgang und dann der Nachtisch. Der Hauptgang war oft dem der anderen Mitspeisenden angepaßt. Gab es z. B. Beefsteak, so bekam er auch eines, aber eben aus Gemüse zusammengesetzt. Sehr oft hat er auch nur Spiegeleier gegessen. Dazu bekam er ein paar Scheiben Brot, welches für ihn besonders – ohne Sauerteig – gebacken wurde. Die Rinde wurde vorher entfernt. Dieses Brot mußte überallhin mitgenommen werden! Zu jeder Mahlzeit bekam er grünen Salat, meistens nur mit Zitrone angemacht. Ein in Achteln mit Schale aufgeteilter, später nur noch geriebener Apfel war stets sein Nachtisch. So hat Hitler eigentlich nur von Gemüse und Obst gelebt. Allerdings wurden sämtliche Speisen mit guter Butter zubereitet außer zu den Zeiten, da es in Deutschland an Butter mangelte. Dann wurden ausgelassene Fette (Schmalz) benutzt. Es war für Hitler selbstverständlich, daß zu solchen Zeiten sein Haushalt zuerst Sparmaßnahmen ergriff. Sehr gern aß Hitler einmal Eier mit echtem Kaviar, jedoch blieb das eine ausgesprochene Seltenheit und auf drei- bis viermal im Jahr beschränkt. Als er sich nun erkundigte, wie teuer eigentlich Kaviar sei und ich ihm sagte, daß das Kilo 400 Mark kostet, gab er sofort das strikte Verbot, daß niemals mehr Kaviar serviert würde. An Getränken nahm er zu sich: Milch, verschiedene Tees und Schokolade. Das „Fachinger“ war sein Standard-Getränk. Alkohol hat er nur als Cognac im Tee und bei Erkältungen zu sich genommen. Ebenfalls trank er nach verschiedenen Speisen einen Boonekamp zur besseren Verdauung. Kaffee hat er niemals getrunken, auch keinen koffeinfreien. An Kuchenarten hat er nur eine Sorte, und zwar den sogenannten Stollen gegessen, wie er in Süddeutschland hergestellt wird. Dieser wurde auch ausschließlich von dem gleichen Bäcker in München, allerdings ohne die sonst übliche Menge Fett, gebacken. Andere Kuchenarten nahm er nicht zu sich.

In München führte Hitler keine eigene Küche. Dort wurde nur von Frau Winter ab und zu einmal für ihn gekocht. Im übrigen wurde fast immer in öffentlichen Speischäusern gegessen, öfters kam es auch vor, daß wir bei Bildberichterstatter Hoffmann zu Gaste waren und dort aßen. Auf dem Obersalzberg wurde eine ausgesprochene Hausmannskost geboten, Hitler liebte über alles den Eintopf. Abschließend zum Thema „Speisen“ kann ich sagen, daß es, sofern Hitler selbst an den Mahlzeiten teilnahm – auch bei großen Empfängen, bei Diplomaten-, Wehrmacht-, Partei- und Staatsbesuchen – keine lukullischen Genüsse gab. Wohl war das Essen bei solchen Empfängen stets gut, schmackhaft und reichlich, wurde es doch meistens vom Speisehaus Horcher, Berlin hergestellt.

Eine ausgesprochene Lieblingsspeise hatte Hitler nicht, bis vielleicht auf den Gervaiskäse, wenngleich er alle Käsesorten gern mochte. Als im Herbst 1936 der Vierjahresplan anlief und wegen Devisen-Einsparungen die Alternative „Butter oder Kanonen“ aufkam, ließ er den ganzen Reichskanzlei-Haushalt zusammenrufen und gab selbst die strikte Anweisung, daß jetzt keine Butter mehr in seinem Haushalt verbraucht werde, sondern nur noch deutsche Fette (ausgelassenes Schmalz usw.) zu verwenden seien. „Wenn das ganze Volk spart, dann muß in meinem Haushalt in erster Linie gespart werden!“ Das wurde streng durchgehalten. Die Brötchenplatten wurden trocken, mit Wurst, Tomate oder Gurke serviert. Selbst am Tage der Nationalen Solidarität galt dieses Verbot, als er sämtliche sammelnden Künstler in die Reichskanzlei einlud. Da aller Belag von den Broten fiel, ging ich auf Drängen des Küchenpersonals zu Hitler mit der Bitte, an diesem Tage doch ausnahmsweise einmal Butter verwenden zu dürfen. Er genehmigte es. Es gab Kraftbrühe, belegte Butterbrote und Kartoffelsalat. Den Künstler-Sammlern steckte er jeweils 100 bis 1.000 Mark in die Büchsen. Das Butterverbot lockerte sich dann später wieder, wie das auch im Reiche geschah.

Beruf: Reichskanzler

So anspruchsvoll Hitler als Repräsentant in der Ausgestaltung der offiziellen Räume war, so anspruchslos war er in seinen Privaträumen. In Berlin bestanden seine Privaträume aus einem Arbeitszimmer, seiner Bibliothek, seinem Schlafzimmer und dem Bad. Im Arbeitszimmer war der Fußboden mit grünem Veloursbelag versehen, desgleichen auch im Schlafzimmer und Bibliothek. Das Arbeitszimmer füllte in der Hauptsache der Schreibtisch. Links davon stand ein Telefontisch mit sämtlichen Vermittlungen, die Hitler selbst vornehmen konnte, deren er sich aber nie bedient hat. Die rückwärtige Wand und ein Teil einer Seitenwand waren vom Fußboden bis hinauf zur Decke mit Bücherschränken versehen, die unten verschließbar, oben jedoch offen waren. Ein Maschinenschreibtisch mit Schreibmaschine und ein Panzerschrank ergänzten das Mobiliar. An der Wand hing ein Bismarckbild des Malers Franz von Lenbach. Die Größe des Arbeitszimmers betrug ca. vier mal sechs Meter.

Im Bibliotheksraum war jede freie Stelle der Wände mit Bücherregalen bestellt. Ein offener Kamin befand sich in diesem Raum, davor eine kleine gemütliche Sitzgruppe aus Sofa, vier Stuhlsesseln, Tisch und Stehlampe bestehend. In der Mitte aber stand ein übergroßer, schwerer Eichentisch. Beide Räume wurden durch einfache Lüster, die Tische zusätzlich durch Stehlampen erhellt. Ohne Hitlers ausdrücklichen Befehl wurde auf seinem Schreibtisch und auf dem Bibliothekstisch niemals aufgeräumt. Es sah auf diesen Tischen zumeist aus wie Kraut und Rüben. Zwischen den beiden Fenstern befand sich ebenfalls noch ein kleiner Hockertisch mit zwei Stuhlsesseln. Im Schlafzimmer stand ein einfaches, sehr breites Eisenbett mit seiner von Hitler so geliebten „Mulde". Er liebte weiche, muldenförmige Matratzen. Die harten, neubespannten mochte er nicht leiden. Das mußte auch in Hotels beachtet werden. War das nicht der Fall, so bekam er Kreuzschmerzen. Über dem Bett hing das Bild seiner Mutter. Rechts stand ein offenes

Nachttischchen. Überhaupt mußte das „Nachtkastl“ überall, wo Hitler schlief, liegend vom Bett aus gesehen, rechts sein. Weiter befanden sich noch im Schlafzimmer zwei Garderobenschränke, einer davon dreiteilig, eine Wäschekommode und darüber ein Spiegel. Ein Spiegel befand sich in einer der Garderobenschranktüren. Zwischen den beiden Fenstern stand ein Schuhschrank. In der Mitte ein runder Tisch, ein Stuhl und ein Hocker. Die Möbel waren alle in elfenbeinfarbenem Schleiflack gehalten. Das Bad war normal, wie überall, eingerichtet. Die übrigen Räume waren öffentlich, so gut wie für jeden zugänglich und hatten nichts Besonderes aufzuweisen. Die Münchener Wohnung befand sich am Prinzregentenplatz 16. Hier wohnte er in der ersten Zeit als Untermieter in der dritten Etage und hatte nur einen einzigen Schlafraum inne. Die anderen Räume mußte er mit dem Vermieter teilen. Erst 1935 wurde dieses Stockwerk umgebaut, sodaß er auch hier seine Bibliothek, mit dem Arbeitsraum zusammenhängend, Speisezimmer, Schlafraum, Bad und Diele bekam. Von Luxus konnte man auch hier nicht reden. Im Schlafzimmer befanden sich nur ein Schrank, ein Schuhschrank und eine Schlafcouch. Alles stand so dicht gedrängt, daß sich nicht mehr als zwei Personen in diesem Raum bergen konnten. Hier in München war Hitler auch polizeilich gemeldet. Im Adreßbuch stand: „Adolf Hitler, Beruf: Reichskanzler, Wohnung: Prinzregentenplatz 16 und die Fernsprechnummer“. In den späteren Ausgaben war nichts mehr über ihn vermerkt. Hitler hat dann das ganze Haus gekauft. Nur zwei Mieter blieben wohnen. Wohl standen ihm dann zwölf Zimmer zur Verfügung. Bewohnt hat er aber nur die bereits angegebenen. Die übrigen Räume waren für die Begleitung und die Adjutanten vorgesehen und befanden sich auch in anderen Stockwerken. Er hat sie nur beim Umbau und beim Einrichten besichtigt.

Und auf dem Obersalzberg? Das Haus, das er dort bewohnte, hieß zuerst „Haus Wachenfeld“. Hier war alles landesüblich eingerichtet. Eigentliche „Räume“ besaß dieses typische Berghaus überhaupt nicht. Wenn damals jemand zu Besprechungen kam, so mußten die Gäste, die Hitler ja auf dem Obersalzberg so gut wie immer hatte und die in den umliegenden Häusern wohnten, eben verschwinden, denn für den Aufenthalt standen nur zwei Räumlichkeiten zur Verfügung. Adjutanten und Anwärter der nächstfolgenden Besprechung warteten buchstäblich auf der Treppe! Die eine Räumlichkeit war als Wintergarten eingerichtet und erst später ans Haus herangebaut worden, die andere war Speisezimmer, Wohnzimmer und Empfangsraum zugleich. Hitlers Schlafzimmer war nur eine Kammer. Mancher Junggeselle hat besser gewohnt. Man konnte sich da drinnen nicht bewegen. Den Koffer mußte man heraustragen, wenn er gepackt werden sollte. Platz für zwei Stühle war nicht vorhanden.

Erst als das Haus Wachenfeld umgebaut wurde, bekam es vernünftige Räume. Es hieß dann BERGHOF. Viele und bekannte Aufnahmen jener Räume haben von deren Einrichtungen und Größe Zeugnis gegeben, sodaß sich eine genaue Beschreibung an dieser Stelle erübrigt. Wenn Besprechungen oder Empfänge stattfanden, mußten die Berghofgäste entweder in ihren Zimmern bleiben und sich nicht sehen lassen, oder schon vorher den Berghof verlassen. Sie durften erst wiederkommen, wenn alles vorbei war. Die wichtigsten Empfänge auf dem Obersalzberg waren die des Herzogs von Windsor, des englischen Premiers Chamberlain, Lord Rothermere, Mussolini, Schuschnigg, Balbo und Ciano. Rothermere hat sogar eine Nacht auf dem Obersalzberg zugebracht. Auch ein Diplomat, und zwar ein russischer, der als Botschafter nach Berlin berufen worden war, wurde zur Überreichung des Beglaubigungsschreibens auf dem Obersalzberg empfangen. Dieser Diplomat wurde umgehend nach Moskau zurückbeordert. Man hat niemals mehr etwas von ihm erfahren. Hitler äußerte einmal dazu: „Bestimmt hat sich die Moskauer Regierung geärgert, daß ihr Botschafter extra nach Berchtesgaden ins Privathaus ging und nicht, wie das üblich ist, sich in Berlin empfangen ließ.“ Für diese Reise hatte Hitler ihm sogar seinen Salonwagen zur Verfügung gestellt. Dazu noch eine Episode: Dieser Botschafter mußte wohl seine weißen Handschuhe vergessen haben, denn als er seinen Mantel und Hut bei der Garderobe des Berghofs abgab, befanden sich an den Handschuhen noch Preis und Geschäftszeichen eines Berchtesgadener Geschäfts. Auch waren sie noch durch die Klammer verbunden, also vorher noch nicht gebraucht.

In den Wohnungen, ganz besonders in München und auf dem Obersalzberg, befanden sich ausgesprochen gute Bilder: am meisten Spitzweg, den Hitler besonders liebte, sodann Böcklin (von ihm meines Wissens der „Zentaurenkampf"); das Bild im Werte von 450.000 Mark wurde gegen Einlösung durch andere Bilder aus der Schweiz erworben, Makart, Rembrandt, Thomas u.a.m. Auch an wertvollen Gobelins hatte Hitler seine Freude.

Keine Angst vor Attentaten

Die Sicherheit Hitlers wie auch der Minister oblag dem Sicherheitsdienst (SD) und somit dem Reichsführer SS Himmler. Hitler selbst hatte noch zwei Begleitkommandos. Das eine war das Kriminalbegleitkommando, bestehend aus etwa 12 Mann. Diese waren samt und sonders frühere Polizeibeamte, die später in den Kriminaldienst überwechselten. Der Führer dieses Kommandos war Rattenhuber, der zuletzt SS-Gruppenführer war. Sein Vertreter war Peter Högl. Dieser hatte zum Schluß den Dienstrang eines Kriminalrates. Dieses Kommando unterstand ausschließlich dem RSD (Reichs-Sicherheits-Dienst) in der Reichsführung-SS. Das zweite Kommando wurde aus der Leibstandarte SS Adolf Hitler gestellt und bestand aus 14 Mann, die den jeweiligen Dienstrang der Waffen-SS trugen, innerhalb derer sie auch befördert wurden. Es wurde vom SS-Sturmbannführer Gesche geführt. (Vertreter: Sturmbannführer Schädle) und unterstand dem SS-Oberstgruppenführer Sepp Dietrich, dem Kommandeur der Leibstandarte. Gewechselt wurde in diesen Kommandos fast niemals, so daß immer dieselben Leute blieben und mit allem vertraut waren. Auch liebte es Hitler nicht, dauernd neue Gesichter um sich zu sehen. Die beiden Kommandos verstärkten sich im Laufe der Jahre auf etwa je 30 Mann, wenn auch für die Begleitung und die persönliche Bewachung immer die gleichen Leute herangezogen wurden. Auf Reisen und in den jeweiligen Unterkünften oblag die Sicherheit im engeren Sinne diesen Leuten. Die weitere sichernde Umgebung z. B. in Hotels oder bei öffentlichen Veranstaltungen wurde stets von der Reichsführung-SS im Einvernehmen mit Rattenhuber bestimmt. Das SS-Begleitkommando war ausschließlich für Hitlers nächste persönliche Umgebung da. In der Reichskanzlei war es so, daß für die Privatwohnung und den engsten Dienst, wie z. B. Anmeldung der Gäste und auch sonstige Obliegenheiten, das SS-Kommando herangezogen wurde. Am Eingang standen zwei Kriminalbeamte bereit. Diese hatten mit der SS nichts zu tun, sondern machten nur Streifendienst – sich vier-

bzw. achtstündlich abwechselnd. Weitere sechs Mann je Kommando mußten sich dauernd für die Begleitung bereithalten.

Die sonstige Umgebung in der Reichskanzlei, Wohnung, Garten und Gänge, wurden von der jeweiligen Wachkompanie der Leibstandarte bewacht. Die vier Haupteingänge waren durch vier Doppelposten besetzt (zwei Doppelposten der Wehrmacht, zwei der SS). Es waren tagsüber reine Ehrenposten, nur nachts waren sie als Streifenposten vor den Eingängen tätig. Ging es auf Reisen oder Stadtfahrten, so fuhren hinter Hitler gesondert zwei Wagen mit. In einem waren die SS-Begleitleute, im zweiten die Kriminalbegleitleute. Es kam auch vor, daß bei ganz kleinen Stadtfahrten nur jeweils drei Mann der beiden Kommandos, in einem Wagen untergebracht, folgten. Hitler liebte es nicht, bei inoffiziellen kleinen Fahrten große Sicherheitsmaßnahmen zu treffen. Auch mußten bei derartigen Fahrten meistens alle in Zivil sein. Sie wurden geheimgehalten. Es war ja nun einmal so: wußte jemand im voraus, daß Hitler sich irgendwo sehen lassen werde, so fand stets ein großer Menschenauflauf statt. Wenn wir irgendwo hinfuhren, ganz gleich an welchen Ort, und sich dort bereits Menschen angesammelt hatten, so pflegte Hitler zu sagen: „Hier hat schon wieder jemand gequatscht. Ich werde in Zukunft niemandem mehr etwas darüber sagen, wo es hingeht." Am meisten verdächtigte er dann immer die Kriminalbeamten, die immer einen Mann vorausschickten. Auch war es so, daß Rattenhuber die jeweiligen Fahrten vorher bzw. nachher seiner höheren Pol.-Dienststelle meldete.

In München, in seiner Privatwohnung, stand unten am Hauseingang vom SS-Begleitkommando ein Mann. Die Frontseite des Hauses bewachten außerdem noch zwei städtische Polizeibeamte und ein Mann des Kriminalbegleitkommandos. Auf dem Berghof wurden in den ersten Jahren überhaupt keine Sicherheitsmaßnahmen getroffen. Nachts nur patroullierten Streifenposten. Später, als alles umgebaut wurde, kam eine Wachkompanie nach oben, welche die engere und weitere Umgebung absperrte. Der eigentliche Berghof wurde wiederum nur von den beiden Kommandos gesichert. Als aber der Obersalzberg immer mehr ausgebaut wurde, unterstand mehr und mehr alles dem eigentlichen Beherrscher des Obersalzberges, Martin Bormann. Dann war es so, daß sich niemand mehr dort oben wohl und frei fühlte, denn Bormann hat überall Posten aufgestellt und ließ sich über alles durch die Wachpostenführer täglich berichten. Bormann brachte es dahin, daß er selber für den Obersalzberg Ausweise ausstellte. Ohne diese war es nicht mehr möglich, auch nur in die Nähe des Berghofs zu gelangen. Er brachte es sogar fertig, Adolf Hitler einen Ausweis auszustellen. Diesen sollte ich Hitler überreichen. Mein Chef lehnte jedoch empört ab. Alle Wege und Stege, die früher öffentlich waren, wurden gesperrt, und wehe den Posten und den Streifenposten vom Kriminalbegleitkommando, die einmal einen Zivilisten irgendwo in der weiten Umgebung durchließen! Bekam es Bormann zu wissen, so wurde dieser Posten sofort abgelöst. Ich kann behaupten, daß jeder Posten der Wachkompanie, des Kriminalkommandos, ja selbst des SS-Begleitkommandos zitterte, wenn Bormann in der Nähe oder auf dem Obersalzberg selbst weilte. Hier war er der Herrscher über alles!

Hitler liebte es nicht, wenn die Posten viel Aufhebens machten. Bei den Fahrten im Auto mußte allerdings alles sprungbereit sein. Denn wurde Hitler im Wagen erkannt, so strömte alles zur Straße. Hier bekamen die beiden Kommandos harte Arbeit. Sie mußten die Bevölkerung vor zu stürmischen Ovationen abhalten. Es kam vor, daß sie den Führerwagen rechts und links im Laufschritt begleiten mußten, um Unfälle zu verhüten. Es muß gesagt werden, daß hierbei die Bevölkerung oft unvernünftig war. Denn sie lief direkt in die Fahrbahn und gegen den Wagen, so daß es für den Fahrer nicht einfach war, einen Unfall zu verhüten. Es sind jedoch keine Unfälle vorgekommen.

Das Kripo-Begleitkommando bestand bis auf einen Mann aus Süddeutschen, vor allen Dingen Münchnern. Das SS-Begleitkommando wiederum bis auf zwei Mann (die auch Münchner waren) ausschließlich aus Norddeutschen. Hitler hielt von diesen beiden Begleitkommandos mehr als vom ganzen Sicherheitsdienst. Hitler selbst trug stets eine Pistole, die kleine „Walther 6,35“, und zwar in der Hosengesäßtasche. Bei offiziellen Fahrten und auch Überlandfahrten führte er in den Manteltasche eine 7,65 Pistole Marke Stock mit sich. Er verlangte, daß im Wagen jeder seine Schußwaffe bereit habe. Im Auto selbst waren (so an den Türen) noch einzelne Taschen angebracht, in denen 08-Pistolen steckten. Ich selbst trug in Uniform umgeschnallt eine 7,65 Walther am Koppel, in Zivil (auf Hitlers ausdrücklichen Befehl stets entsichert und ohne Patrone im Lauf!) die gleiche Waffe in der Manteltasche.

Wie schon berichtet, schloß sich Hitler im Schlafzimmer überall, auch in Hotels, ein. Sonstige Sicherheitsmaßnahmen wurden nicht getroffen. Erst ab 1943 hielt er sich wieder einen dressierten Schäferhund als Begleiter. Auf dem Berghof haben sich immer Hunde befunden.

Einmal wurde ein Attentat im Kaiserhof von zwei Russinnen und einem Russen vorbereitet. Hitler fuhr an diesem Tage nicht zu der üblichen Kaffeetafel. Nach dem 20. Juli 1944 mußten selbst die Generale die Waffen abgeben, wenn sie zu Hitler wollten und es sich gefallen lassen, daß ihre Aktentaschen durchsucht wurden. Das geschah auf Vorschlag der Wehrmacht. Hitler glaubte, daß ihm nichts geschehen könnte. Er sagte, bei öffentlichen Fahrten könnte natürlich ein Attentäter unter der Menge sein, aber in Deutschland schiene ihm das unmöglich. Er war nervös, aber keineswegs feige. Im Polenfeldzug ging er unbesorgt allen in seiner Umgebung voraus.

Der pünktliche Großadmiral

Die offiziellen Fahrten – so zur Krolloper, zum Sportpalast usw. – mußten vorher mit der Stoppuhr abgefahren werden. Er fragte dann: „Wie lange ist es noch bis zur Abfahrt?“ Seine goldene Sprungdeckeluhr, die beständig 20 Minuten vorging, steckte dabei unbenutzt in der oberen Rocktasche. Praktisch spielte sie für ihn keine Rolle.

20 Sekunden bis eine halbe Minute vor der angesetzten Zeit bestieg er den Wagen. Hitler liebte es nicht, eine Sekunde zu spät, aber auch keine Sekunde zu früh zu kommen. So wurde die Zeit noch während der Fahrt reguliert, indem einmal langsamer, einmal schneller gefahren wurde. Einmal sind wir zu einer Aufführung sogar mit Kompressor gefahren! Beim Einsteigen fragte er meist ausdrücklich den Fahrer: „Sind Sie die Strecke auch genau abgefahren?“

Konnte er sich einmal auf die Zuverlässigkeit meiner Uhr nicht verlassen, so war er ungehalten. In Weimar kam das einmal vor. Da rief er: „Schmeißen Sie Ihre Kartoffel weg!“ Unter allen Würdenträgern des Dritten Reiches kam Großadmiral Raeder am frühesten. Stets fünf Minuten vor der Zeit war er zur Stelle. Während des Krieges pflegten die Wagen aus Sicherheitsgründen von verschiedenen Seiten anzufahren.

Hitlers Reden

Lange Zeit wurde in Deutschland, und ich glaube, auch im Ausland, bzweifelt, daß Hitler seine Reden selbst ausarbeite. Ja, es wurde sogar behauptet, daß diese Reden von Dr. Goebbels oder Minister Heß stammten. Hierzu kann ich aus bester Kenntnis heraus folgendes sagen: Niemand hat Hitlers Reden vorher gesehen als ein Adjutant und die Stenotypistinnen, die sie geschrieben haben. Es trifft übrigens in keiner Weise zu, daß sich Hitler zu seinen Reden durch das Vorspielen von Wagnerscher Musik inspirieren ließ, oder daß er überhaupt in diesem Zusammenhang die Musik als Anregung bedurfte. Er hat seine Reden stets gleich in die Maschine diktiert. Beim Diktieren – Gedankenstütze war ihm dabei ein kleines Stichwort-Kärtchen – schritt er auf und ab. Auch hat er die Reden selbst korrigiert. (Die Korrektur wurde von einem Adjutanten und einer Stenotypistin nur noch auf Tippfehler hin untersucht!) Bis die Reden zur Reinschrift gelangten, sind sie zwei, drei, ja viermal geschrieben worden. Die großen politischen Reden wurden dem Auswärtigen Amt bzw. Propaganda-Ministerium erst in dem Augenblick zur Übersetzung gegeben, in dem Hitler die Reichskanzlei bzw. die jeweilige Unterkunft verließ, um zu dem Ort zu fahren, an dem er die Rede halten wollte. Somit hat niemand vorher seine Reden ganz zu Gesicht bekommen, auch die Adjutanten und Stenotypistinnen nicht oder kaum, weil sich diese jeweils ein- bis zweistündlich ablösten und also Hitlers Reden zusammenhängend weder hörten noch lasen. Auch hatten sie obendrein Schweigegebot!

Es ist aber vorgekommen, vor allem auf Parteitagen, daß die Reden von anderen, die in der Kongreßhalle gehalten werden sollten, von Hitler vorher gelesen wurden. Das tat er wohl, um von vornherein unliebsamen Überraschungen vorzubeugen, die sich aus öffentlichen politischen Reden so leicht ergeben. Er selbst hat ja noch an Reichstagsreden, die er vorher gründlichst durchgearbeitet hatte, Änderungen vorgenommen. Diese wurden vom Reichspressechef, der neben dem

Rednerpult saß, sofort in dem ihm vorliegenden Manuskriptdurchschlag mitgeändert. Hitler pflegte bei dieser Gelegenheit (vergl. Wochenschau) mit dem Finger auf die betreffende Stelle im Durchschlag des Pressechefs zu zeigen. Auszüge seiner Reden für die Presse wurden von ihm selbst hergestellt oder korrigiert, falls sie schon von Pressevertretern aufgesetzt waren.

Frauen

Viele werden sich die Frage gestellt haben: Warum heiratete Hitler nicht? Dazu kann ich sagen: Ein Frauenfeind war Hitler in keiner Weise! Beweis mögen die ungezählten, während der ersten Jahre zu Nachmittags- und Abendveranstaltungen eingeladen gewesenen Schauspielerinnen sein. Oft brach er auf Fahrten in den entzückenden Ruf aus: „Herrgott, ist das ein schönes Mädchen (eine schöne Frau)!“ Er sah sich dann um, so daß ich hinter ihm zur Seite gehen mußte, damit er Blickfeld zum Nachschauen hatte. Fiel dort, wo wir hinkamen, ein besonders schönes Mädchen auf, so mußte sich meistens Brückner nach der Anschrift erkundigen. Dann wurde die Dame einmal nach München, Berlin oder auf den Obersalzberg zum Kaffee eingeladen, nur damit er sich einmal eine Stunde mit ihr unterhalten konnte.

Früher pflegte er auch nach Vorstellungen im Theater und Oper mit der Kameradschaft der deutschen Künstler (K.d.d.K.) viel zusammenzusitzen. Was in der Öffentlichkeit über Leni Riefenstahl und Frau Winifred Wagner kursierte, ist gegenstandslos. Leni Riefenstahl schätzte er als strebsame Frau, die mit bemerkenswertem Einsatz den Parteitag- und Olympiafilm herstellte. „Eine Frau hat doch ein besseres Feingefühl für diese ganze Sache als ein Mann“, sagte er im Hinblick auf sie. Frau Wagner verehrte er als Traditionsträgerin des Wagnerschen Erbes. Auch hier war wohl an Heirat nie gedacht. Einmal war ich bei einem Gespräch zwischen Frau Wagner und Hitler zugegen, in dem er sagte, daß er daran dachte, die Partei aufzulösen. Als Grund nannte er die Gemeinschaft des deutschen Volkes, es sollte keinerlei Unterschied mehr zwischen Parteimitglied und Nichtmitglied bestehen. Frau Wagner war über diese Äußerung sehr erstaunt und gab ihm zu bedenken, was wohl seine alten Parteigenossen zu einem derartigen Vorgehen meinen würden.

Welche Begeisterung erfüllte ihn, wenn er auf Fahrten von BDM-Mädchen gefeiert wurde! Er behandelte sie geradezu bevorzugt. Sie bekamen Geldgeschenke von 2 bis 10 Mark pro Kopf mit den Worten: „Verlängert Eure Fahrt noch etwas!" oder „Für Kaffee und Kuchen auf meine Rechnung!" usw. Das alles geschah bei ihm aus Freude am Schönen. Trat in Oper und Theater eine besonders schöne Schauspielerin auf (Voraussetzung: sie mußte auch etwas können!), so ließ er sie sich vorstellen. Von den Filmschauspielerinnen schätzte er besonders Olga Tschechowa und Brigitte Horney. Er liebte es bei Frauen nicht, wenn sie sich in die Politik einschalteten. Wohl gab er zu, daß von Frauen schon Großes geleistet wurde. Aber Politik sei eine reine Männersache. Seine Ehelosigkeit begründete er folgendermaßen: Er verlange von jedem Verheirateten ein vernünftiges Familienleben. Er selber aber vermöge es infolge seiner übergroßen Inanspruchnahme nicht zu bieten. Er käme zumeist nachts nach Hause. Frau und Familie würden nichts von ihm haben. Sie hätte höchstens ihren Kaffeeklatsch.

Gelegentlich bemerkte er im Hinblick auf die Kampfzeit, es sei gut gewesen, daß er nicht verheiratet gewesen wäre, denn „die größte Begeisterung für mich hatten doch mehr oder weniger die Frauen." Er glaubte nicht, daß er, wäre er verheiratet gewesen, soviel Widerhall gefunden hätte. Instinktmäßig sei die Frau doch auf den Mann gerichtet.

Ich möchte dieses Kapitel nicht beschließen, ohne mich zu dem angeblichen Tagebuch von Eva Braun zu äußern. Um es gleich vorweg zu nehmen: für mich ist dieses „Tagebuch" ein plumper Schwindel. Einige Tatsachen befinden sich wohl darunter, die der Wirklichkeit entsprechen, aber auch um sie rankt sich eine wilde Phantasie.

Ich kannte Eva Braun gut, und zwar vom ersten Tage an, da ich meinen Dienst bei Hitler antrat. Ich möchte kein Urteil über sie abgeben; denn dieses wäre zweifellos befangen. Eva Braun und ich verstanden uns nicht besser, als – volkstümlich ausgesprochen – Hund und Katze. Wir hatten uns im Winter 1935 auf 1936 in einer persönlichen Angelegenheit einmal gehörig die Meinung gesagt und seitdem waren wir miteinander fertig und grüßten uns nur noch.

In Berlin ist Eva Braun bis Kriegsbeginn nur etwa zwei oder drei Mal und dann immer nur für einen oder zwei Tage gewesen. In den Jahren 1934 bis 1937 war sie in Berlin überhaupt nicht mit Hitler zusammen. Die Beziehungen wurden erst mit Kriegsbeginn enger. Ihre Eltern waren niemals in Berlin, die Schwestern ein oder zwei Mal. Längere Zeit lebte sie auf dem Berghof. Mit Martin Bormann, dem eigentlichen Herrn des Berghofs, war sie gut befreundet und wurde von ihm dort als Haushälterin eingesetzt, damit sie gegenüber dem Arbeitsamt eine Beschäftigung hatte. Im Hauptquartier ist Eva Braun niemals gewesen. Auch zu offiziellen Empfängen wurde sie nicht hinzugezogen. Bei privaten Gesellschaften trat sie als Hitlers Frau auf, wurde von ihm wie alle anderen Damen mit Handkuß begrüßt und Evchen genannt. Sie selbst sprach Hitler stets mit „Du" an. Zweifellos betrachtete Hitler sie als seine „Braut". Dabei war er nicht eifersüchtig. Nach dem Umbau des Berghofs bestand zwischen den beiden Schlafzimmern eine Verbindungstür. Zweifellos lebte Eva Braun von der persönlichen Unterstützung Hitlers. Es sei hier eingeflochten, daß Brückner Hitlers Kasse führte. Hitler selbst trug nie ein Portemonnaie bei sich, sondern das Geld – etwa bis zu 200 Mark – lose in der Tasche. Privatfahrten gingen immer auf Hitlers Kosten. Als in Wien einmal das gesamte Hotel „Imperial" belegt wurde, verlangte die Hotelleitung 29.000 Mark. Brückner erschien der Preis zu hoch, aber Hitler sagte: „Bezahlen Sie nur; vielleicht hat der Mann so viel Schulden." Als Hitler das Haus in der Prinzregentenstraße in München wollte, war er etwas knapp bei Kasse. Da wurde „Mein Kampf" für das Ausland freigegeben, und der Kauf konnte getätigt werden.

Doch nun zu dem angeblichen Tagebuch! U.a. wird in ihm behauptet, daß in der Reichskanzlei Nackttänzerinnen aufgetreten seien. An dieser Behauptung läßt sich die Fälschung klar nachweisen. Im Frühjahr kam eine ehemalige Ordonnanz Hitlers vor die Spruchkammer. Er versuchte sich dadurch zu entlasten, daß er darauf hinwies, er habe im KZ gesessen. Auf die Frage „Warum“ erwiderte er, er habe in der Öffentlichkeit verbreitet, daß in der Reichskanzlei Nackttänzerinnen aufgetreten seien. In Wirklichkeit war diese Ordonnanz aus ganz anderen Gründen ins KZ gesteckt worden. Nach jeder größeren Gesellschaft in der Reichskanzlei war es nämlich aufgefallen, daß jedes Mal silberne Gegenstände, Bestecke, Zigaretten- und Zigarrenkisten usw. verschwunden waren. Die betreffende Ordonnanz wohnte außerhalb der Reichskanzlei und empfing dort häufig Damenbesuch. Nach einiger Zeit meldete eine dieser Besucherinnen in der Reichskanzlei, daß sich in der Wohnung zahlreiche Silbersachen aus der Reichskanzlei befänden. Die Ordonnanz und ein gewisser Sander, den er in die Affäre mit hineingezogen hatte, wurden, weil sie der SS angehörten, ins KZ gesteckt. Das Märchen von den Nackttänzerinnen vor der Spruchkammer aber war frei erfunden. Frei erfunden ist auch – um nur ein paar Beispiele zu nennen – daß Hitler jemals Kaffee getrunken, geschweige denn selbst zubereitet hätte oder daß er Englisch lernen wollte. Als ich ihn einmal fragte, ob er eine fremde Sprache beherrschte, antwortete er: „Nein! Es wäre wohl gut, wenn ich die englische Sprache beherrschte. Aber ich fange gar nicht damit an, weil ich genau weiß, daß ich darin ein Stümper bleiben werde, und deshalb unterlasse ich es von vornherein.“

In dem Tagebuch wird auch behauptet, daß Eva Braun von einzelnen Parteigrößen Instruktionen für den Verkehr mit Hitler erhalten haben soll. Das ist möglich; aber sie hatte kaum Gelegenheit dazu in dem Umfang, wie das „Tagebuch“ erkennen lassen möchte. Vielleicht auf dem Obersalzberg oder – nur für Stunden – in München. Es ist mir auch niemals aufgefallen, daß sich Göring jemals gut oder länger mit ihr unterhalten hätte. Daß sie persönlich zu Gast bei ihm war, wird von Görings ehemaligem Personal bestritten. Das im „Tagebuch“ geschilderte Verhältnis zwischen Hitler und Rudolf Heß trifft annähernd zu. Doch ist Eva Braun niemals dabeigewesen, wenn Hitler und Heß sich über irgendeine Sache unterhielten. Niemals ist Hitler bis zum Morgen aufgeblieben und dann anschließend spazierengegangen. Und obwohl er ein großer Tierfreund war, hat er bis zu Beginn des Rußlandfeldzuges keinen Hund in seiner Nähe gehabt. Erst dann schaffte er sich den Schäferhund „Blondie" an. Die beiden Hunde auf dem Berghof blieben stets in ihrem Zwinger und wurden nur selten zu Spaziergängen mitgenommen.

Zum Thema „Horoskop" und „Astrologie" ist zu sagen, daß Hitler nichts darauf gab, ja, ein Gegner dieser Dinge war. Wohl äußerte er einmal, daß ihm 1922 ein altes Weiblein gesagt habe, er möge seine Unternehmungen stets im Frühjahr ausführen und niemals im Herbst; denn dann würden sie schief gehen. Das sei in der Tat auch so gewesen. „Aber", so fügte er hinzu, „das ist ja alles Mumpitz. Wie kann ein Mensch in die Zukunft sehen!"

Völlig töricht ist natürlich die Behauptung, daß Hitler nur einmal im Monat gebadet haben soll. Er badete täglich, ja, nach jeder Rede, die er hielt, nahm er ein heißes Bad und kleidete sich frisch um. Dagegen mochte er nicht im Freien baden. Bei seinen Bädern verwandte er Fichtennadeltabletten. Dagegen ist es Unsinn, daß er, weil er Fußbeschwerden gehabt haben soll, Fußbäder in Meereswasser nahm. Da ich bei kosmetischen Dingen bin, ein Wort auch zu den „kosmetischen Ratschlägen an die Damen". Hitler hat tatsächlich solche Ratschläge gern erteilt, besonders, wenn er jemanden foppen wollte. Diese Ratschläge wurden bei heiteren und geselligen Plauderstunden erteilt und waren niemals ernstgemeint. Hitler machte es Spaß, jemanden aufzuziehen. Einmal beschwerten sich ein paar Damen – es war schon Krieg – daß man nur noch schwer gute Wäsche kaufen könnte. Hitler bemerkte dazu: „Ja, die Seide ... die brauchen wir jetzt zu etwas anderem", und fuhr dann lachend fort: „Da werden Sie schon dazu übergehen müssen, Lederwäsche zu tragen, die hält bestimmt länger." Niemand hatte diese Bemerkung ernst genommen.

Daß Hitler mit Eva Braun beim Schneider war und anschließend mit ihr zu einem Wasserfest nach Nymphenburg fuhr, ist gleichfalls so frei erfunden wie die Behauptung, daß Schuschnigg deshalb von Hitler auf dem Obersalzberg so schlecht behandelt wurde, weil Hitler wegen schmerzender Hühneraugen schlechter Laune war. Schuschnigg wurde allerdings behandelt, wie es sich keinem Staatsmann gegenüber gehört.

Von einem Selbstmord auf dem Obersalzberg ist mir nichts bekannt, und das Märchen von der „Liquidierung eines Nebenbuhlers“ ist allenfalls Stoff für einen 20-Pfennig-Schmöker. Es will mir auch nicht einleuchten, daß eine Frauenseele, die fähig war, dem Manne ihrer Neigung in den Tod zu folgen, diesen Mann und seine Umgebung derart lieblos und kalt bloßstellen könnte.

Ich habe wirklich keinen Anlaß Hitler „rein zu waschen“. Auch glaube ich, daß alles, was in den 12 Jahren nationalsozialistischer Herrschaft geschah, unserem Volke genug zu tragen gegeben hat, daß wir es gar nicht nötig haben, uns schwindelhafte Geschichten auftischen zu lassen. Aber was wahr ist, muß auch wahr bleiben. Wir alle haben die Pflicht, der Geschichte gegenüber, das Bild Hitlers und seiner Zeit unseren Nachkommen gegenüber richtig zu überliefern.

Flottenkalender und Karl May

Hitler besaß eine Bibliothek von mehreren tausend Bänden. Sie verteilte sich auf seine drei Wohnungen: Berlin, München und Obersalzberg. Eine ausgesprochene Vorliebe für ein besonderes Werk hatte er nicht. Sein Wissen erwarb er sich durch viel Lesen. Während meiner Zeit habe ich beobachtet, daß er sehr viel in Werken berühmter Militärs über Rüstung und Strategie gelesen hat. Auf seinem Nachttisch mußten stets drei Bücher liegen: Erstens der Flottenkalender, der auch die Rüstung und Armierung anderer Nationen zur See verzeichnete. Er war vertreten in zwei Jahrgängen, dem des Jahres 1932 und dem des jeweils laufenden Jahres. Höchstwahrscheinlich zog Hitler Vergleiche. Zweitens der „Nautikus" und drittens ein Buch, dessen Titel von Zeit zu Zeit wechselte, weshalb es sich mir auch nicht besonders eingeprägt hat. Diese drei Bücher mußten stets mit der großen Leselupe auf dem Tisch liegen, so in Berlin, München und auf dem Obersalzberg, im Zug, im Flugzeug, in den Hotels usw. Ich wurde kürzlich gefragt, ob Hitler auch die Bibel in seiner Bücherei gehabt habe. Das war der Fall. Eine besondere Rolle hat sie wohl nicht gespielt.

Zeitungen und Meldungen, die vom DNB kamen, wurden laufend vorgelegt. Die Zeitungen kamen zum Teil aus dem Propaganda-Ministerium, zum Teil vom Zeitungshändler. Es wurden sämtliche Zeitungen aus Berlin und auch einige aus dem Reich gehalten. Kleinere Provinzzeitungen wurden jeweils nur an Ort und Stelle gelesen. An Zeitschriften wurden sämtliche Illustrierten, Wochenschriften und Monatsschriften aus ganz Deutschland, sowie sämtliche Illustrierten des Auslandes, soweit sie in Deutschland vertrieben wurden, gesammelt und an jedem Donnerstagabend, ganz gleich wo wir uns befanden, geschlossen vorgelegt. Donnerstagnachmittag pflegte mich Hitler gern durch die Frage zu erinnern: „Sind die Zeitschriften schon da?" Es kam sogar vor, daß er schon am Mittwoch daran erinnerte, wohl im Glauben, daß es schon Donnerstag wäre. Denn das Herumstöbern in den Blättern gehörte zu seinen Lieblingsbeschäftigungen. Fand er in den ausländischen Illustrierten besonders auffällige Artikel oder Bilder, so ließ er sie sich übersetzen, obwohl niemals ein Wort aus einer fremden Sprache aus seinem Munde kam.

Waren die Zeitschriften eingetroffen, so zog er sich an diesem Abend, wenn nichts Besonderes vorlag, früher zurück. Auch die Zeitungen wurden von ihm geradezu verschlungen. Weil diese in Berlin fast stündlich herauskamen, wurden sie vom Zeitungshändler direkt aus dem Verlag geholt und laufend an uns geliefert. Das geschah auf Befehl Hitlers, damit keine Verzögerung entstünde. Kam einmal einer der Gäste mit einer neuen Zeitung an, die er noch nicht gesehen hatte, so war er meistens etwas ungehalten darüber.

Interessant ist auch eine Bemerkung Hitlers über den „Stürmer" Julius Streichers. Er hat wohl den Stürmer keine zehn Mal gelesen, denn er konnte ihn nicht leiden. Seine Worte waren: "Der Stürmer ist kein Aufklärungsorgan. Er kann von vernünftigen Menschen auch gar nicht gelesen werden. Ich kann mir nur vorstellen, daß er von halbwüchsigen und unfertigen Leuten gelesen wird – und auch nur wegen der sexuellen Berichte." Hitler hat Streicher oft dahingehend Vorhaltungen gemacht und – wie ich mich noch zu erinnern glaube – den „Stürmer" in ein bzw. zwei Fällen selber verboten. Dann haben andere dahin gewirkt, daß das Verbot bald wieder aufgehoben wurde. Ich selbst durfte jedenfalls diese Zeitung nie vorlegen.

Kam ein deutsches Buch heraus, so wurde es von mir vorgelegt, Ich hatte mit einer großen Buchhandlung in Berlin einen Vertrag abgeschlossen, um jedes Buch sofort zugestellt zu bekommen. Natürlich galt das nicht für wertlose Schmöker! Es war mein Ehrgeiz, Neuerscheinungen auf dem Buchmarkt selbst vorzulegen und nicht anderen Personen hierin den Vorrang zu lassen. Hitler gab die Bücher, die ihm vorgelegt wurden, am nächsten Morgen zurück, oder er ließ sie in seine Bibliothek einreihen. Ich habe oft bzweifelt, daß er die Bücher in so kurzer Zeit – über Nacht – gelesen hat. Aber ich wurde einmal eines anderen belehrt: Ich gab ihm einmal ein Werk von 356 Seiten (der Titel ist mir leider entfallen) spät am Abend. Am nächsten Morgen erhielt ich es zurück mit dem Bemerken: „Das Buch ist gut. Heben sie es auf!" Ich war felsenfest überzeugt, daß er dieses Buch – ich merkte mir die Seitenzahl – nicht durchgelesen hatte. Einige Tage später wurde beim Abendessen von Dr. Goebbels und dem Adjutanten über dieses Buch diskutiert. Hitler schaltete sich ein. Ich mußte das Buch holen, eine bestimmte von ihm genannte Seite aufschlagen und vorlesen, sowie noch zwei weitere Stellen. Die Seitenzahl gab Hitler jeweils selbst an. Er brachte die Meinungsverschiedenheiten auf einen Nenner. So konnte ich feststellen, daß er dieses Buch eben doch gründlich gelesen haben mußte. Hitler hat bis zum Jahre 1937 auch in Karl-May-Büchern gelesen. In jenem Jahre bekam er eine vollständige Prachtausgabe Karl Mays geschenkt. Damals bemerkte er: „Diese Bücher sind die besten Jugendbücher, die wir in Deutschland haben."

Religion und Kirche

Einmal verglich Hitler bei Tisch die NSDAP mit dem Christentum. Er äußerte sich etwa so: Wie das Christentum vor 2000 Jahren sehr bekämpft wurde und sich hernach doch durchsetzte, so wird sich auch die Partei durchsetzen. „Doch die Zukunft soll mich davor bewahren, daß jemand auf den Gedanken kommt, mich heilig zu sprechen. Da drehe ich mich im Grabe rum!"

Hitler behauptete, daß es nur einen Gott gäbe, und daß die Konfessionen nur Machwerke der Menschen wären. Das Christentum insbesondere bewertete er als eine parteipolitische Angelegenheit von allem Anfang an. Er war der Meinung, daß die NSDAP, wenn sie eine 2000jährige Tradition hinter sich habe, ebenfalls eine unumstößliche Macht wie heute die Kirche darstellen könne. Für den konfessionellen Kampf hatte er rundweg kein Verständnis. Er sah darin den Machthunger der einzelnen Konfessionen. Einem Minister, meines Wissens war es Schwerin von Krosigk, machte er einmal an dem großen Globus im Dienstarbeitszimmer der Neuen Reichskanzlei klar, daß es im Grunde gar keine Heiden gäbe, sondern daß der Schwarze Gott verehre wie wir, nur mit dem Unterschied, daß er auf geringerem geistigen Niveau stehe – aber deswegen trotzdem ein Gottesgeschöpf sei.

Anläßlich der letzten Papstwahl war er zunächst auf die Wahlkandidaten gespannt. Er meinte, dies sei der günstige Augenblick, daß Deutschland sich von Rom lossage (wie es England unter Heinrich VIII. tat). Ein paar Tage später sagte er: „Nein, ich greife da nicht ein. Ich überlasse das der späteren Entwicklung." „Wenn er aber (er nannte einen Kandidaten für den Stuhl Petri aus USA) gewählt werden sollte, dann hat sie wirklich der liebe Gott mit Blindheit geschlagen." „Die Kirche hat für mein Seelenheil zu sorgen, aber sich nicht in politische Sachen zu mischen."

Bei einer gemütlichen Plauderei: „Die ganze Kirchensache kostet den Staat enormes Geld. Die Gemeinde, die einen Pfarrer will, sollte ihn auch selbst unterhalten." Bei einem Mittagsgespräch sagte Goebbels zu Hitler: „Mein Führer! Ich muß soundso viele Mark (er nannte eine sehr hohe Summe) Kirchensteuern zahlen. Ich beabsichtige, aus der Kirche auszutreten. Was sagen Sie dazu!" Hitler antwortete: „Lieber Doktor, wenn Sie das Geld nicht auftreiben, dann werde ich es Ihnen vorschießen. Bleiben Sie man drin! Sonst bin ich schließlich der Einzige von meinen ganzen Leuten, der noch drin ist."

Für Hitler war es sehr schwer, einen Minister für die kirchlichen Angelegenheiten zu finden. Erst nach längerer „Bearbeitung" ließ sich Kerrl dazu bereitfinden, den „Kirchenfürsten" (so wurde er in Hitlers Kreis genannt) zu machen. Von allen übrigen Parteigenossen erklärte sich freiwillig niemand dazu bereit.

Hitler, der wiederholt forderte: „Jeder soll nach seiner Fasson selig werden", sträubte sich beharrlich, sich in kirchliche Angelegenheiten irgendwie einzumischen und wünschte nur, daß er niemals damit behelligt und gezwungen werde, in dieser Frage noch entscheidend einzugreifen.

Hitler konnte in den ersten Jahren keinen Weihnachtsbaum in seiner Wohnung sehen. Ich fragte ihn einmal, warum er keine Weihnachtsfeier veranstaltete und auch an keiner Feier teilnehme außer an der, welche die sog. „Alten Kämpfer" in München veranstalteten. Ich erhielt die Antwort: „An einem Weihnachtsheiligabend unter dem Lichterbaum ist meine Mutter gestorben."

Wenn es auf Weihnachten zuging, dann wurden durch einzelne Herren viele Gegenstände aus den Geschäften in die Reichskanzlei und in die Münchner Wohnung geschafft. Hier hat Hitler dann selber unter Bildern, Büsten, Statuen, Porzellan-Servicen, Uhren, Goldfüllern u. s. w. ausgesucht und entschieden, an wen dieses und jenes als Geschenk überreicht werden sollte. (Dabei ließ er alle Goldsachen stets mit seinem Monogramm versehen). Die Geschenke für Göring, Dr. Goebbels und einige bekannte Familien aus früheren Zeiten hat er selbst überreicht. Seine nähere Umgebung und das Reichskanzlei-Personal bekam eine Geldgratifikation. Die weitere Umgebung, so z. B. die Angehörigen der Leibstandarte Adolf Hitler, bekannte Familien aus der Kampfzeit, Bekannte, denen es nicht besonders gut ging usw., erhielten jeweils ein Weihnachtspaket folgenden Inhalts: Eine Gans, eine Flasche Rum oder Cognac, ein Halbkistchen Zigarren oder auch Büchsen mit Fleisch (Reis mit Huhn z. B.), einen Christstollen und kleines Teegebäck etc. Waren die Geschenke für Berlin vergeben, dann ging es mit dem Sonderzuge nach München. Unterwegs erhielt das Zugpersonal ebenfalls Pakete. Lokführer und Zugführer, die auf dieser Strecke wechselten, bekamen das ihrige beim Wechsel mitgegeben. In München wurden dann ebenfalls wieder Geschenke gepackt. Es mag zu seinen Lieblingsbeschäftigungen gehört haben, irgend etwas selber zu verpacken. Auch äußerte er: „Es ist ewig schade, daß ich nicht selbst in den Geschäften umhergehen und selbst Sachen für diesen und jenen aussuchen kann." Waren am Heiligabend die letzten Geschenke gepackt und durch die Kraftfahrer zugestellt, so war es meistens abends 9 bis ½ 10 Uhr. Dann zog er sich in seinen Schlafraum zurück, in dem er bis zum zweiten Weihnachtsfeiertag blieb. Frühstück, Mittagessen, Abendessen, Zeitungen und Nachrichten wurden auf einem Hocker an die Schlafzimmertür gestellt, dabei an die Tür geklopft und gemeldet: „Das Frühstück etc. pp. stehen bereit"

Erst am zweiten Weihnachtsfeiertag kam Hitler wieder zum Vorschein. So hielt er es 1934, 1935 und 1936. Am Weihnachtsheiligabend 1937 setzte er mich sehr in Erstaunen. Ich selber war zu einer Familienfeier eingeladen und erwartete schon mit Sehnsucht den Augenblick, da Hitler sich zurückziehen und ich damit frei sein würde. Aber da ging er noch durch den Raum, in dem sich die restlichen Geschenke, die nicht zur Verteilung gelangt waren und nach dem Fest den Geschäften zurückgebracht werden sollten, befanden. Er suchte noch ein

Geschenk aus. Wir verpackten es beide, langliegend auf dem Teppich. Bei dieser Gelegenheit band ich ihm, als er den Knoten niederdrückte, den Daumen ein und er verabreichte mir dafür lachend einen scherzhaften Schlag mit der Linken ins Genick. Er gab mir den Auftrag, dieses Paket persönlich zu überreichen, vorher aber noch seinen Smoking herzurichten. Als ich ihn daraufhin ganz ungläubig ansah, erwiderte er nur: „Es stimmt schon: Smoking herrichten!" Ich mußte auch ein Taxi bestellen. Dieses sollte in der Nebenstraße zum Prinzregentenplatz warten. Ich bin dann mit dem letzten unserer Wagen und mit dem Geschenk zur Bestellung fortgefahren, kam sogleich zurück und entließ auch diesen Wagen, da ja auch unsere Fahrer feiern wollten. Somit war niemand mehr bei uns anwesend als in den unteren Räumen das Begleitkommando und vor der Tür die beiden Münchener Polizisten. Von Hitler hatte ich noch den Befehl erhalten, daß das Kommando keinen Posten stellen brauche, auch vor der Tür sollte nur ein Polizeimann bleiben, der andere möge nach Hause gehen. Diesen Befehl habe ich nach meiner Rückkehr ausgeführt. Und nachdem ich mich von seiner Ausführung überzeugt hatte, ging ich nach oben.

Hier kam mir Hitler im Oberhemd und Smokinghose auf den Strümpfen lachend entgegen, hielt die Enden der Krawatte in den Händen und sagte: „Ich habe es nicht fertiggebracht, die Schleife zu binden!" O weh! Schleife und Kragen hatte er derart zugerichtet, daß ich beide neu nehmen mußte. Als er sich angezogen und ich ihn darauf aufmerksam gemacht hatte, daß kein Wagen mehr da sei und vom Begleitkommando niemand etwas wisse, daß es fortgehen solle, es aber noch einige Zeit dauern werde, bis die Wagen aus der Garage hier sind, sagte er: „Um Gottes Willen, Sie haben doch niemand verständigt, daß ich noch wegfahren will?" Ich antwortete mit „Nein" und wußte nicht, was das alles bedeuten sollte. Nochmals mußte ich mich vergewissern, ob das Begleitkommando auch wirklich bei der Weihnachtsfeier sei, die im Hause mit Punschbrauen usw. stattfand, daß niemand vor der Tür stehe, wie das sonst stets der Fall war und daß auch nur ein Polizist anwesend sei. Darauf gingen wir ganz leise nach unten, huschten durch das Haus wie die Diebe und hinaus zur bereitstehenden Taxe. Niemand hatte uns bemerkt, worüber Hitler sichtlich froh war. Ich wollte neben dem Chauffeur Platz nehmen, Hitler hielt mich jedoch am Arm fest und zog mich nach hinten in den Wagen. So kam ich an die rechte Seite von ihm zu sitzen. Dann flüsterte er mir jeweils ein Münchener Ziel zu, das ich an den Fahrer weitergab. So sind wir rund zwei bis drei Stunden mit ständig wechselndem Ziel durch München gefahren, von einem Ort zum anderen. Zuletzt befahl er: „Luitpoldcafé". Über sein Gebaren recht erstaunt fragte ich mich, was er wohl im Luitpoldcafé wolle. Und wie muß erst der Droschkenfahrer sich verwundert haben, obwohl der nicht wußte, wer hinten im Wagen saß! Er war jedenfalls sichtlich erleichtert, als wir am Luitpoldcafé ausstiegen und ich ihn bezahlte. Er hatte kaum das Geld in der Hand als er schon den Gang einschaltete und in einem unerhörten Tempo losbrauste. Er hat uns wahrscheinlich für ein paar Verrückte gehalten, vielleicht nicht einmal ganz zu Unrecht, denn mir selber war die ganze Sache unheimlich. Dann sind wir, ohne einzukehren, zu Fuß zum „Königlichen Platz" zurückgegangen. Als ich mich, der ich mich doch für seine Sicherheit mit verantwortlich fühlte, wiederholt umschaute, bemerkte er nur: „Kommen Sie nur an meine Seite. Sie brauchen um mich keine Angst zu haben, denn niemand glaubt, daß Adolf Hitler hier allein durch München spazierengeht." Wenn jemand an uns vorbeikam, so senkte er nur den Kopf etwas oder schaute etwas zur anderen Seite. So sind wir, von niemandem erkannt, bis zur Wohnung am Prinzregentenplatz gelangt. Unterwegs überraschte uns noch ein Glatteisregen, sodaß wir, nachdem er sich vorher nur auf meine Schulter gestützt, die letzte Strecke Arm in Arm gehen mußten, da Hitler neue Lackschuhe anhatte. Irgend einer muß uns doch bemerkt haben. Denn von Himmler und Rattenhuber, der das Kriminal-Begleitkommando führte, bekam ich am nächsten Tage Vorwürfe, daß ich niemand vorher von diesem Unternehmen unterrichtet hätte. Himmler gab mir strengsten Befehl für die Zukunft, auch für den Fall, daß Hitler es verbiete, stets an das Kriminalbegleitkommando Meldung zu machen. Ich habe mich niemals an diesen Reichsführerbefehl gehalten.

Am nächsten Tage sind wir auf den Berghof gefahren und seit dieser Zeit sind wir zu jeder Weihnacht auf dem Berghof gewesen. Am Silvestertag sind wir wieder nach Berlin gefahren, weil Hitler am Neujahrstage, an dem die Diplomaten die Neujahrsglückwünsche ihrer Regierungen überbrachten, persönlich in Berlin sein mußte. Seine Anfrage an den Nuntius, ob man den Neujahrsempfang nicht auf einen anderen Termin verschieben könne, wurde von allen Diplomaten freudig begrüßt, da ja fast alle das Weihnachtsfest in ihrem Heimatlande verbrachten und ihren Urlaub nur wegen dieses Höflichkeitsbesuches vorzeitig abbrechen mußten. Da die neue Reichskanzlei nun fertiggestellt war, wurde der Neujahrsempfang auf den 10. Januar festgesetzt.

Die Rolle des Dr. Morell

Obwohl Hitler niemals ernstlich krank war, ist er doch selten vollkommen gesund gewesen. Er wurde laufend von Ärzten behandelt. Der erste eigentliche Leib- bzw. Begleitarzt war Professor Dr. Karl Brandt. Dieser war Chirurg und nur für den Fall vorgesehen, daß uns einmal etwas auf den vielen Reisen zustoßen könnte. So gehörte in den ersten Jahren kein ausgesprochener Internist zur Begleitung. Da Hitler fortgesetzt an Magenverstimmungen und Blähungen litt, wurde 1934 bis 1935 Dr. Grawitz, Berlin (damaliger Chefarzt des Krankenhauses Berlin-Westend) zugezogen. Dieser verschrieb Hitler eine besondere Arznei: Gummipillen mit eingefüllter Flüssigkeit. Die Wirkung dieser Pillen war in der ersten Zeit gut. Aber später kam das alte Leiden verstärkt zum Vorschein. Als sich Hitler eines Tages wiederum über das genannte Leiden beklagte, riet ihm der Bildberichterstatter „Professor" Hoffmann, er solle sich doch einmal von Dr. Morell behandeln lassen. Dann stellte Hoffmann diesen Arzt vor. Er untersuchte Hitler mehrere Tage lang. Natürlich schaltete er den Dr. Grawitz aus. Er gab an, daß dessen verordnete Pillen auf die Dauer sehr schädlich seien. Dann verschrieb Dr. Morell mehrere Magen- und Darmkuren, die Hitler strengstens befolgte. Danach verspürte er auch eine gewisse Besserung. Natürlich war Dr. Morell von nun an ständiger Gast.

Kurze Zeit darauf gehörte er auch zur engeren Begleitung und erhielt später den Professoren-Titel. Er gehörte nun zum Stabe und war – sehr zum Leidwesen der anderen beteiligten Personen besonders der Adjutanten, – nicht mehr wegzudenken. In der ersten Zeit mußte man fast eine Gouvernante für ihn anstellen, denn er war immer abwesend, trieb sich überall herum und war nur mit Mühe pünktlich mitzubekommen. Er meinte wunder wer er wäre, klatschte bei Hitler, schwänzelte herum und stellte sich bisweilen an, als ob er nicht bis drei zählen könnte. Nach Veranstaltungen und Unternehmungen fragte ihn Hitler oft, wie es ihm auf der Reise gefallen habe usw. Dann beklagte er sich jämmerlich und erzählte: „Es hat sich niemand um mich gekümmert. Ich bin beinahe nicht mitgekommen. Ich mußte im Gepäckwagen fahren." u.a.m. Dann brauste Hitler auf und die Adjutanten erhielten ihre „Zigarren". Später wurde dann für Morell immer besonders gesorgt. Die Behandlung Hitlers ging (außer dem Zahnarzt, einer Stimmbänder-Operation und Behandlung eines Ohrenleidens im Jahre 1944–45) ausschließlich in die Hände Dr. Morells über. Die Operation der Stimmbänder, der sich Hitler unterziehen mußte, hat Prof. von Eicken vorgenommen. Sie wurde in der Reichskanzlei durchgeführt und ging aufs Ganze. Wäre der Eingriff nicht gelungen, so hätte Hitler seine Sprache verloren. Das war nur im engsten Kreise bekannt. Für Zahnarztbehandlung war in Berlin und auf dem Obersalzberg eine vollständige Zahnbehandlungsstation eingerichtet. Zur Behandlung kam Dr. Blaschke bzw. sein Vertreter Dr. Richter. Das Ohrenleiden im Jahre 1944/45 war eine Folge des Attentatsversuches vom 20. Juli 1944, bei welchem ihm beide Trommelfelle geplatzt waren. Die Behandlung nahm ein Wehrmachtsarzt, Dr. Giesler, ehem. Schüler von Prof. von Eicken, vor. Die Genesung des Ohrenleidens ging gut vonstatten, doch eines Morgens blieb Hitler im Bett liegen und sagte, er sei krank, übrigens das erste Mal in den langen Jahren, daß er im Bett blieb. Der Arzt wartete, bis er vorgelassen wurde, überlegte was eingetreten sein könnte und kam dabei an einen Schrank, wo viele Arzneien und Pillen für Hitler bereit lagen. Als Arzt interessierte er sich natürlich dafür und fand darin eine Sorte Pillen, die den Namen „Antigas-Tabletten" trugen. Den Pillen gab er sofort die Schuld, daß die Gesundheit Hitlers im allgemeinen sehr zu wünschen übrigließ. Diese Medizin enthielt nach seiner Angabe einen ziemlichen Prozentsatz Strychnin! Als er Hitler darauf aufmerksam machte, daß diese Pillen ein schlimmes Gift für ihn seien, wäre Prof. Morell beinahe ausgeschaltet worden. Aber es gelang ihm, vereint mit Reichsleiter Bormann, die Sache als harmlos hinzustellen. Bormann und Morell verdächtigten Hitler gegenüber die anderen Ärzte, indem sie es so hinstellten, als wollten diese Dr. Morell nur ausschalten. So wurde nun der Arzt, der das Ohrenleiden behandelt hatte, in die Wüste geschickt und sämtliche anderen Ärzte mit ihm, so Brandt, Hasselbach und Haase. Für diese kam Dr. Stumpfegger als Chirurg von der Standarte hinzu.

Die ganzen Jahre hindurch war Hitlers Gesundheit also völlig in Händen von Dr. Morell. Ich möchte beinahe behaupten, daß er ein Versuchskaninchen für Morell war. Denn was hat Morell nicht alles verschrieben! Die vielen Spritzen, die er Hitler fast täglich verabreichte, müssen einen Menschen aufreiben! Als ich Morell einmal fragte, wie er zu der ausgesprochenen Spritzenbehandlung gekommen sei, sagte er: „Ich war Schiffsarzt und das vor allem für Seuchen. Diese Behandlungsmethode hat sich mir als die beste erwiesen." Mit welchem Leiden man auch Morell kam, Zahnschmerzen, Kopfschmerzen, Hexenschuß, Schnupfen – er verabreichte eine Spritze. Die Schmerzen ließen nach oder waren gänzlich verschwunden! Diese Spritzen hielten viele Stunden bzw. Tage an. Nach geraumer Zeit war es so, daß man sich ohne seine Spritzenbehandlung gar nicht mehr wohl fühlte. Bei Hitler war es ebenso. Er hat in den letzten Jahren von dieser Behandlung gelebt.

Hitler nahm Pillen geradezu in Massen ein. Während meiner ganzen Dienstzeit ist Hitler nie ohne Schlaftabletten schlafen gegangen. Er nahm jeweils zwei Tabletten, entweder Evipan oder Phanodorm oder Tempodorm. Nach jedem Essen nahm er, wie jeweils verschrieben, dazu einen Teelöffel doppeltkohlensaures Natron, in Wasser aufgelöst. Hitlers Antlitz war gegen Sonnenbestrahlung sehr empfindlich. Einige Minuten Sonne genügten, und er bekam eine rosige bis rote Gesichtsfarbe, so daß man annehmen konnte, er schminke sich. Gewisse Leute, die von der Empfindlichkeit seiner Haut nichts wußten, haben manchmal angenommen, er habe sich wirklich geschminkt.

Eukalyptusbonbons und Kolatabletten hat Hitler zu allen Zeiten genommen. Auf jedem Schreibtisch standen diese beiden Schachteln, und auch ich mußte sie stets in der Tasche haben, um sie ihm bei Bedarf reichen zu können, vor allem bei Autofahrten, andere Pillen nahm er übermäßig ein. Hatte der Arzt ihm irgend eine Sorte verschrieben und nicht ausdrücklich die Einnahmezeiten und Mengen verordnet, so hat er sie vom Morgen bis zum Abend laufend eingenommen. Ängstlich war er in der Nähe jeder ansteckenden Krankheit, besonders gegen Katarrh. Hatte einmal jemand aus der engeren Begleitung den Schnupfen, so durfte er sich auf keinen Fall in seiner Nähe sehen lassen. Kam ein Katarrh-Erkrankter einmal unbedachterweise in seine Nähe, so durfte man gewiß sein, daß Hitler am nächsten Tage dieselbe Krankheit hatte. So war es bei Grippe-Erkrankungen. Wurde er gewahr, daß einer von seinem Stabe an dieser Krankheit litt, so mußte Morell sofort in Tätigkeit treten und Gegenmaßnahmen ergreifen, wie immer durch Spritzen.

Einmal hatte auch ich einen Katarrh. Ich wollte daher keinen Dienst machen, aber Hitler brauchte mich unbedingt. Er sagte: „Gehen Sie zu Morell und lassen Sie sich eine Spritze geben!“ Ich antwortete: „Ich lasse mir keine Spritze geben und gehe auch nicht zu Dr. Morell – sonst kann ich ewig hingehen.“ Das sagte ich vor vielen Gästen, unter ihnen auch von Blomberg! Er antwortete darauf: „Dann werde ich Ihnen den dienstlichen Befehl geben.“ Ich sagte: „Und ich werde den dienstlichen Befehl verweigern!“ Viele, vor allem Himmler, stellten mich: „Wie kommen Sie dazu, dem Führer so zu antworten?!“ Ich sagte: „Mit meiner Gesundheit mache ich, was ich will.“ Das sei hier berichtet, nur um zu beweisen, daß man Hitler auch widersprechen konnte.

Hitlers Wandlung

Bis Winter 1938/39 hätte ich sagen können, Hitler sei der zweite Vater, denn bis dahin hat er sich um alles, selbst um persönliche Kleinigkeiten gekümmert. Er fragte das Dienstpersonal nach dem Ergehen der Eltern, nach persönlichen Wünschen usw. Auch hatte das Personal volles Vertrauen zu ihm und brachte ihm, oft durch Brückner vermittelt, seine Anliegen vor. Hatte er für seine Leute etwas angeordnet, z. B. Geldunterstützungen, so erkundigte er sich später noch einmal, ob es auch ausgeführt wurde. Bei Krankheitsfällen seines direkten Personals ließ er Blumen schicken. Es gab also zwischen ihm und uns kaum eine Scheidewand. Wollte z. B. jemand vom Dienstpersonal heiraten, so ging man zu ihm. Er warf dann recht freigebig eine beachtliche Unterstützung aus. In einem Fall war ein seiner Hilfe Befohlener arbeitslos. Er wurde sofort in Arbeit gebracht. Bei den abendlichen Kinovorführungen auf dem Berghof, wie in Berlin, mußte auch das ganze Hauspersonal auf seinen ausdrücklichen Wunsch zugegen sein. Für die Rücksichtnahme anderen Menschen gegenüber ist auch folgende kleine Episode kennzeichnend: Am 9. November besuchte Hitler grundsätzlich alle Lokale, die er auch früher aufgesucht hatte. Einmal war es ein ganz einfaches Hotel. Beim Vorziehen der Gardine in seinem Zimmer fiel diese herunter. Hitler schloß schnell die Tür ab, damit der Gastwirt nichts merken sollte. Zusammen mit mir brachte er sie dann wieder an.

Während des Krieges sagte er nachts mehrmals zu den Wehrmachtsadjutanten, wenn sie meldeten, daß keine Einflüge mehr zu erwarten seien, und die feindlichen Flieger im Abflug wären: „Ich kann nicht schlafen gehen, bevor nicht das letzte Flugzeug Deutschland verlassen hat und nicht die letzten Menschen aus ihren Luftschutzkellern heraus sind. Vorher habe ich keine Ruhe."

Folgende Äußerung Hitlers, die ich auf dem Berghof hörte, scheint mir auch dafür zu sprechen, daß er die Verlagerung des Schwergewichts seiner Tätigkeit auf das Militärische nur widerstrebend mitgemacht hat: „Glauben Sie mir, daß ich Bauten wie in München lieber baue, als einen Zerstörer? Dieser Bau kostet zwei Millionen, ein Zerstörer zwölf. Da könnte ich sechs solcher Bauten herstellen, die dann einmal von unserer Zeit Zeugnis ablegen; aber so ein Zerstörer wird in kurzer Zeit wieder verschrottet."

Diese nur in kurzen Zügen angedeutete Unmittelbarkeit änderte sich in den Jahren 1938/39. Kurz vor dem „Anschluß" Österreichs wurde er merklich offizieller. Er wurde von der Wehrmacht derartig mit Beschlag belegt, daß dem Einzelnen von selbst der Mut verging, künftighin in privaten Sachen, so wie früher, zu ihm zu gehen. Vieles wurde ihm durch die Adjutanten, vor allem durch Martin Bormann, ferngehalten, so daß Hitler bei weitem nicht mehr alles erfuhr. Auch ich persönlich, der ich doch stündlich um ihn war, vermochte mit ihm kaum noch ein Gespräch zu beginnen oder über dieses und jenes Fragen an ihn zu stellen. Es war wie abgeschnitten. Eine hohe Brandmauer richtete sich auf.

Diese gewollte, vielleicht auch ungewollte Abkapselung Hitlers von der Umwelt machte in der Zeit nach Stalingrad wesentliche Fortschritte. Ich bin niemals Zeuge eines Gespräches über Stalingrad gewesen. Einmal äußerte Hitler, wenn die Front bei Saporoschje nicht zum Stehen käme, dann müsse er wohl selbst hinfliegen und nach dem Rechten sehen. Er flog hin. Generalfeldmarschall von Manstein war zum Empfang anwesend. Die Begrüßung war kühl. Hitler wurde von der Truppe stürmisch begrüßt, ebenso Generaloberst von Richthofen, der später eintraf. Nach der militärischen Lagebesprechung stellte der ebenfalls anwesende Architekt Brückmann die Frage, wie es denn käme, daß die Front immer weiter zurückginge, obwohl jetzt wöchentlich 52 Transportzüge einliefen gegen nur einen vor noch einem Jahre. Die Front kam bei Saporoschje vorübergehend tatsächlich zum Stehen. Dann aber brachen 60 Sowjetpanzer durch. Das war im Februar 1943. Ich erinnere mich noch, daß Hitler kritisierte, daß alle Flugplätze östlich des Dnjepr angelegt worden seien und nicht westlich davon.

Klappte militärisch irgend etwas nicht, mußte Keitel antreten. Die Auseinandersetzungen waren laut und heftig. Redete sich Hitler in Erregung, so schwoll der Unterkiefer an. Immer wieder machte er den Generälen den Vorwurf, daß überall, wo er nicht persönlich wäre, die Dinge schief gingen. Als die Front immer weiter zurück ging, fand sich keiner mehr, der sich in der Umgebung Hitlers vor die Generäle gestellt hätte. Als eine neue Armee gebildet werden sollte, wurde Himmler als Armeeführer vorgeschlagen. Hitler lehnte ab. Schließlich möchte dieser auch noch die Luftwaffe befehligen, bemerkte er kurz. Hatte er bis dahin mit der Generalität gespeist, so zog er sich von da an ganz zurück. Man hatte den Eindruck, daß von seiner Umgebung Fragen an ihn gestellt wurden, denen er ausweichen wollte. Nach dem Attentat des 20. Juli 1944 war er ganz isoliert. (Das vermag ich zu bezeugen auf Grund meiner Besuche in Berlin, die mich, da meine Familie ja in der Reichskanzlei wohnte, beständig in seine Nähe und Umgebung führten). Keiner hat diese Vereinsamung Hitlers und seine Abgeschiedenheit von der Außenwelt so ausgenutzt wie Martin Bormann, der auf Hitler einen unheimlichen Einfluß ausübte. Nach meiner Meinung sind viele Anordnungen an die Partei und ihre Gliederungen ohne Vortrag bei Hitler von Bormann ausgegangen. An Hitler selbst ließ Bormann nichts heran, ja, er schaltete sich selbst in die Audienzen der Wehrmacht ein!

Wie ich in Ungnade fiel

Am Anfang des Polenfeldzuges hatte ich mit Hitler den ersten schärferen Zusammenstoß. Er führte dazu, daß ich wieder zurück zur Marine kam. Das Hauptquartier befand sich damals im Sonderzug, der in Pommern (Groß-Born) stand. Von hier aus wurden täglich Frontfahrten unternommen. Da die erste Frontfahrt nur ganz kurz war, wurde für Hitler nichts mitgeführt. Er gab jedoch Befehl, es sollten auf jede Fahrt einige Flaschen „Fachinger" mitgenommen werden, weil es in den ersten Tagen des Feldzuges sehr heiß war. So gab ich einigen Ordonnanzen, die bei diesen Fahrten stets mit dabei waren, die Anweisung, von jetzt ab auf jede Frontfahrt zwei bis drei Flaschen „Fachinger" in einem Eimer mit Eis mitzunehmen. (Diese Ordonnanzen fuhren der Kolonne im Wagen nach und hatten Picknick-Bestecke und sonstigen Bedarf mit). Bei den nächsten beiden Fahrten geschah dies nun auch. Dann kam ein Tag, an dem wir keine Frontfahrt unternahmen. Am übernächsten Tage aber setzten wir uns sehr früh vom Hauptquartier ab, um eine längere Autofahrt entlang der vorderen Front vorzunehmen. Es war wiederum heiß. Das Mittagessen wurde auf einem Gutshof eingenommen. Es gab Erbsen mit Speck. Ich erhielt von Hitler den Befehl, nachzuforschen, ob man irgendwo essen könne. Der General, der diesen Frontabschnitt befehligte, sagte zu mir: „Für den Mittagstisch ist alles bereitgestellt. Geben Sie nur persönlich noch Anweisungen für das Essen des Führers! Es wird dann alles geschehen." Da es nun aber Erbsen mit Speck, also einen Eintopf, gab und ich wußte, daß Hitler in diesem Falle keine Ansprüche stellte (es sei denn der, daß für ihn, den Vegetarier, jedes Stücklein Fleisch aus den Erbsen herausgenommen werden mußte!), so war für mich die Sache erledigt. Als es zum Mittagstisch ging, war alles für einen größeren Kreis gerichtet. Die Aufsicht hierüber führte ein Leutnant der Wehrmacht. Ihm gab ich noch kleine Winke und hielt mich für den Fall, daß irgend etwas sein sollte, in der Nähe auf. Die Herren tranken zu diesem Essen nur Wasser, denn bezeichnend war bei diesen Gelegenheiten immer wieder, welch größter Enthaltsamkeit sich alle beflissen, wenn der Führer bei ihnen war. Ich mußte während des Essens zu Hitler kommen. Er stellte an mich die Frage, ob das Glas Wasser, das vor ihm stand, „Fachinger" enthalte. Diese Frage konnte ich nach der Lage der Dinge erst beantworten, nachdem ich mich bei dem betreffenden Leutnant, der für das Essen verantwortlich war, erkundigt hatte. Ich meldete Hitler dann, daß dieses Wasser klares Brunnenwasser sei, daß die Ärzte es untersucht hätten und die Truppe es bereits seit drei Tagen trinke. (Auf dem Obersalzberg pflegte Hitler auch oft klares Quellwasser zu trinken). Er fragte mich weiter, ob ich kein „Fachinger" mithabe. Ich gab zur Antwort: „Jawohl, mein Führer, Fachinger muß dabei sein. Ich werde es sofort herschaffen. Vielleicht ist es nur deshalb nicht serviert worden, weil es infolge der Hitze warm geworden ist." Hitler antwortete darauf: „Mir ist das warme Fachinger lieber als dieses hier." Ich sagte: „Ich werde es sofort holen." Als ich nun nach der Ordonnanz forschte und selbst in dem Wagen nachsah, der alle diese Kleinigkeiten mitführte, mußte ich feststellen, daß kein „Fachinger" vorhanden war, Die dafür verantwortliche Ordonnanz sagte mir, daß er heute morgen keine neuen Flaschen in den Wagen gestellt habe und der Fahrer des Wagens die alten im Eimer vor der Abfahrt herausstellte. Ich war wie vor den Kopf geschlagen, konnte es kaum fassen und fragte bei den übrigen Kraftfahrern, die ich kannte und denen ich auch schon „Fachinger"-Flaschen gegeben hatte, reihherum, ob vielleicht jemand eine Flasche bei sich habe. Aber es war wie verhext! Keiner hatte an diesem Tage „Fachinger" bei sich! Ich wollte mich soeben wieder in den Speiseraum, in dem die Herren beim Male saßen, begeben und Hitler melden, daß eben doch kein „Fachinger" vorhanden sei (auf einen schweren Anranzer hatte ich mich gefaßt gemacht!), als Hitler mir mit den Herren bereits auf der Treppe entgegenkam. Als er mich sah, erhielt ich nur den knappen Befehl von ihm, mich heute abend zu melden. Auf meine Erwiderung, daß kein „Fachinger" da sei und die Ordonnanzen es mitzunehmen vergessen hatten, sagte er nur: „Mir können Sie nichts erzählen. Sie wußten genau, daß kein Fachinger dabei war und wollten mich mit dem anderen Wasser nur hinhalten.“ An Miene und Ton konnte ich erkennen, daß es ihm diesmal Ernst war. Zu allem Unglück kam an diesem Tage noch mehr vor, was Hitler nicht gerade in bessere Stimmung versetzte. Wir wollten abends um 5 Uhr wieder im Standquartier sein. Ein Oberleutnant führte unsere Kolonne im Panzerspähwagen voraus. Er verfuhr sich aber und wich vom vorgeschriebenen Wege ab. Zuguterletzt befanden wir uns in der feindlichen Linie. Das konnte natürlich auf meine bevorstehende Meldung keineswegs günstig wirken. Spät sind wir dann an diesem Tage zum Sonderzug gekommen, Hitler selber führte die Kolonne, diesmal nach den Sternen, um wenigstens die Hauptrichtung einzuhalten. Bei meiner Meldung am Abend nahm er mich in sein Abteil und sagte mit ernster Miene: „Was bilden Sie sich eigentlich ein? Glauben Sie, Sie können mit mir machen, was Sie wollen. Sie haben mich heute dermaßen hingehalten und beschwindelt. Ich will Sie nicht mehr sehen!“ Dann machte er mir selbst die Tür auf und ließ mich wegtreten. Nun kannte ich ihn durch meine langjährige Tätigkeit gut. Darum nahm ich auch diese Sache nicht allzu ernst. Erst später erfuhr ich, warum Hitler sich wegen dieser Lapalie so aufgeführt hatte. Er war übel gelaunt, da er wohl kurz zuvor die Meldung bekam, nach der bei einem Stoßtruppunternehmen seiner Leibstandarte 25 Männer eben dieser Einheit verstümmelt in einem Obstgarten gefunden worden sind. Ihnen wurden die Augen ausgestochen und die Geschlechtsteile abgeschnitten. Seine Reaktion erschien mir im nachhinein etwas verständlicher.

Am nächsten Morgen fragte er nur, als ich ihm das Frühstück servierte: „Was wollen Sie hier?“ Ich antwortete kurz: „Ich möchte die Sache von gestern nur klarstellen!“ Er erwiderte darauf: „Sie können gehen! Ich will Sie nicht mehr sehen!“ Da ich noch stehen blieb, maß er mich mit einem furchtbaren Blick von oben bis unten, stand vom Frühstück auf und ging in sein Abteil zurück, wo er sich einriegelte. Ich wußte nun, was die Stunde geschlagen hatte und war entschlossen, sofort wieder zu meinem alten Truppenteil, also zur Marine, zurückzugehen. Ich ging jetzt zu Obergruppenführer Brückner und meldete ihm den ganzen Vorfall. Auch Brückner äußerte mir gegenüber: „Sie kennen doch den Chef noch besser als ich. Gehen Sie auf einige Tage nach Berlin! Dann wird sich alles wieder von selbst einlenken." Ich sagte zu ihm: „Diesmal ist das nicht der Fall. Bitte verwenden Sie sich doch für mich, daß ich wieder zu meinem Truppenteil, zur Marine, zurückkomme!" Einige Stunden später ging Brückner zu Hitler. Ich blieb auf dem Gang stehen. Die Tür war offen. Es war im Zuge. Ich konnte alles mithören. Brückner fragte: „Was soll mit Krause geschehen?" Hitler antwortete: „Er soll nach Berlin, sich bei Kannenberg melden und dort Ordonnanzdienste in der Reichskanzlei tun." Ich hörte das und sagte darauf so, daß es auch Hitler hören konnte: „Ich komme von der Marine, war Kammerdiener und mache keine Ordonnanzdienste bei einem Herrn Kannenberg! Ich bitte, mich sofort bei der Marine melden zu dürfen." Hitler genehmigte das nicht, befahl aber, ich solle nach Berlin gehen, meine Bezüge blieben dieselben, sonst wisse er noch nichts. So wandte ich mich denn an General Bodenschatz, der ja der Vertreter der Luftwaffe war und erkundigte mich, ob eine Maschine nach Berlin flöge. Es ergab sich, daß binnen einer Stunde vom Flugplatz Oppeln aus (während der Nacht war das Hauptquartier in die Gegend von Oppeln verlegt worden) eine Maschine nach Berlin überführt werden sollte. Ich bat, für mich einen Platz reservieren zu lassen, packte meinen Koffer, flog mit dem „Fieseler-Storch" zum Flugplatz und startete nach Berlin. Nach geraumer Zeit in Berlin fuhr ich nach München, wo ich mich zwei Operationen (Blinddarm und Mandeln) unterzog. Mit Brückner blieb ich in Verbindung, denn er sollte immer wieder bei Hitler vorstoßen, daß er mich für die Marine freigäbe.

Es kam Weihnachten. Ich wurde fernmündlich verständigt, mich zum Abend auf dem Münchener Hauptbahnhof zu melden. Dort käme der Sonderzug durch. An jenem Abend ging ich in Zivil zum Bahnhof. Da mich alle näher Beteiligten kannten, gelangte ich ohne weiteres zu dem Bahnsteig, auf welchem Hitlers Zug einfahren sollte. Nach dessen Einfahrt eilte ich zum Führerwagen, wurde vom Adjutanten Schaub dem Führer gemeldet und sofort vorgelassen. Ich bekam meine Weihnachtsgratifikation. Mit den besten Wünschen für meine Familie und der Frage nach meinem Wohlergehen verabschiedete sich Hitler wieder durch Handschlag. Meinen Wunsch, wieder zur Truppe zu kommen, konnte ich dabei nicht äußern. Ich bat darum erneut Brückner, sich doch tunlichst dahin zu verwenden, da ich doch nun gesund sei. Brückner äußerte, er habe das schon oft versucht und fuhr fort: „Wie Sie selbst wissen, läßt sich der Chef, sofern Ihr Name fällt, auf nichts ein (unter uns wurde Hitler immer „der Chef" genannt)." Ich verabschiedete mich und ging wieder nach Hause. Heute noch möchte ich über meine brennende Neugier lachen, die mich damals auf dem Wege nach Hause überfiel. Ich war sehr gespannt, wie hoch der Betrag der Weihnachtsgratifikation ausgefallen sei – und dies bestimmt nicht aus Geldgier! Ich nahm nach all den Vorfällen an, er müsse geringer sein, als in den vergangenen Jahren. Unter einer Straßenlaterne verschaffte ich mir Klarheit, indem ich kurz entschlossen den Umschlag öffnete. Aber siehe da: Es war fast das Doppelte! Hieraus konnte ich wohl schließen, daß sich Hitler über das Geschehene beruhigt hatte und die Sache nicht mehr allzu tragisch nahm.

Weiterhin lebte ich ohne Beschäftigung. Im März 1940 erfuhr ich unerwarteterweise, daß sich das Hauptquartier wieder mal in Berlin befinde. Ich setzte mich in den nächsten Zug und fuhr nach Berlin, um meine Sachen selber zu regeln. Dort sprach ich mit Brückner nochmal eingehend über den Fall. Von den übrigen Herren wurde ich zumeist recht schief angesehen. Ja, von einzelnen der „Unteren" wurde geflüstert, ich wolle Hitler vergiften. Auch das meldete ich Brückner, der die Sache nachdrücklichst klarstellte.

Eines Abends postierte ich mich vor der Bibliothek auf und wartete, bis Hitler zur Ruhe ging. Ich wußte, daß ihn hier nach oben nur mein Nachfolger begleitete und ich hier ihn ohne weiteres sprechen konnte, ohne vorher durch irgend jemanden abgewiesen zu werden. Hitler kam. Mich gewahrend, fragte er: „Was tun Sie hier? Wie geht es Ihnen?" Ich antwortete: „Mein Führer, bitte um Genehmigung, wieder zur Truppe zurückkehren zu können, da ich doch nicht hier ewig ohne Beschäftigung ein Dasein fristen kann." Ich bat ihn diesmal besonders inständig, mich doch wieder freizugeben. Er äußerte: „Nun gut, ich bleibe noch zwei Tage in Berlin. Bis dahin können Sie sich entscheiden, zu welchem Truppenteil Sie gehen wollen, ob zu meiner Standarte oder zur Marine." Ich erwiderte: „Ich habe jetzt über vier Monate Zeit zum Überlegen gehabt: ich komme von der Marine, gehöre auch heute noch zu ihr und bitte, auch wieder zu diesem Truppenteil zurückgehen zu dürfen." Hitler, über meine Antwort sichtlich wütend, sagte: „Wenn Sie unbedingt das letzte Wort haben müssen, so rufen Sie den Marineadjutanten!" Daraufhin war ich entlassen. Ich holte den Marineadjutanten (Kapitän z. S. von Puttkamer) und meldete ihm, er möchte zum Führer kommen, es handele sich um meine Zurückversetzung zur Marine. Die Tür blieb offen. Ich konnte draußen hören, wie Hitler zu ihm sagte: „Ich habe Krause wieder für die Marine freigegeben. Sorgen Sie dafür, daß er ein anständiges Kommando bekommt!"

Ein paar Tage später bekam ich meinen Gestellungsbefehl und mußte mich in Kiel-Wik melden. Ich kam zur Zerstörerflotte (Bonte) und machte die Kämpfe um Narvik mit. Im ganzen wechselte ich dreimal die Schiffe und bin auch dreimal abgesoffen. Später ließ Hitler mich aufgrund dieser Tatsache, daß ich drei Schiffsunglücke überlebt habe, wieder zum Begleitkommando zurückbeordern. Als der Kampf um Norwegen beendet war, bekam ich Urlaub. Ich meldete mich wieder in der Reichskanzlei. Hitler empfing mich darauf in München. Er ließ sich von mir berichten, wie ich alles überstanden habe. Auch fragte er mich nach besonderen Wünschen. Ich äußerte so nebenbei, meine Kameraden und ich auf unserem Boot (es war damals ein Vorpostenboot) würden sich sehr freuen, wenn ich ihnen ein „Schifferklavier" mitbrächte. Dieser Wunsch wurde mir sofort erfüllt. Ich erhielt ein Schifferklavier.

Der Urlaub war vorüber. Ich begab mich wieder nach Norwegen (Drontheim). Auf der Fahrt von Dänemark nach Norwegen wurde mein Schiff torpediert. Wiederum mußte ich drei Stunden schwimmen, bis ich gerettet wurde. Beim dritten Mal hatte ich alles verloren. Infolge des langen Schwimmens im kalten Wasser bekam ich Wasser in die Glieder und mußte, wieder krank, ins Lazarett. Kurz vor meiner Genesung kam durch Fernschreiber der Befehl an: sobald mein Gesundheitszustand es zulasse, mich umgehend nach Berlin zur Reichskanzlei zu begeben. Am 26. Oktober 1940 erreichte ich wieder Berlin.

Es dauerte noch einige Zeit, bis ich den Führer sprechen konnte. Brückner war in der Zwischenzeit „geflogen" und die übrigen Adjutanten zeigten mir die kalte Schulter. Einige Tage später fuhr Hitler nach München. Da postierte ich mich an seinem Wagen, dort, wo er immer einzusteigen pflegte, auf. Dann kamen sämtliche Adjutanten vorbei. Diese würdigten mich keines Grußes. Dann kam der Führer. Der Wachführer der RK-Wache (von der Standarte) meldete. Ich stand daneben. Hitler ging auch ohne Gruß an mir vorbei. Erst als er im Wagen Platz nehmen wollte, d. h. beim Einsteigen, gewahrte er mich, ging um den Wagen noch einmal herum, zog seine Handschuhe mit den Worten: „Ja, da ist ja Krause! Sie sind schon hier?" aus, was er selten tat, und begrüßte mich durch Handschlag. Doch mußte er natürlich gleich zum Zug. So kam keine weitere Aussprache zustande.

Nun kamen sämtliche Herren und begrüßten mich. Vom Bahnhof aus wurde noch gerufen, die Küche möge mir und meiner Familie, die ja in der Reichskanzlei wohnte, zu essen und ein paar Flaschen Wein herausgeben.

Die hier kurz geschilderten Vorgänge spiegeln ein typisches Bild des Adjutanten-Milieus wider. Während meiner halbjährigen Abwesenheit hielten außer Brückner, der gehen mußte, nur Hans Junge (späterer Ehemann von Hitlers Sekretärin Traudl Junge), der auch Diener war, und die beiden Kommandoführer des SS-Begleitkommandos, Gesche und Schädle, zu mir.

Die Lehre von zwölf Jahren

Zum Schluß meiner Ausführungen möchte ich Stellung nehmen zu dem, was bisher in der Presse über Hitler veröffentlicht wurde, natürlich nur in den Grenzen meiner Informationen. Vor allem aber möchte ich mich zu dem angeblichen Tagebuch von Eva Braun äußern, das ja in der deutschen Presse besonders umstritten wurde.

Es tauchen immer wieder Gerüchte auf um Hitlers Tod. Noch gibt es eine große Anzahl Menschen, die nicht glauben wollen, daß Hitler tot ist. Dazu vermag ich aus wohlbegründeter Überzeugung nur zu sagen: Er ist tot! Es gibt wohl heute kaum einen Menschen außer mir und meinem Nachfolger Heinz Linge, der noch in russischer Gefangenschaft lebt, der Hitler besser kennen könnte als ich. In fast zehnjährigem, täglichen Zusammenleben lernt man einen Menschen näher kennen als die vielen, die nur offiziell oder rein dienstlich mit ihm zu tun hatten. Auch habe ich mit mehreren Leuten gesprochen, die bis zum Schluß in Berlin in seiner nächsten Umgebung waren und die auch einstimmig erklärten, daß er tot sei. Schon Hitlers körperlicher und seelischer Zustand hätte es gar nicht mehr ausgehalten, weiter zu leben. Zumal Dr. Morell schon einige Tage vorher „abgehauen" war und ihn somit nicht mehr „behandeln" konnte. Denn die letzte Zeit hat Hitler nur noch von den Spritzen gelebt, die ihm dieser verabreichte. Und ein Körper bricht ja ohne weiteres zusammen, wenn ihm die künstlichen Stoffe (z. T. auch Gifte!), die ihn so lange hochgepeitscht haben, plötzlich entzogen werden. Er hätte nun auch bei besserem körperlichen Zustand Schluß gemacht. Er hat die Konsequenzen gezogen.

Die Deutschen mögen sich doch einmal selber die Frage vorlegen: „Was sollte er denn tun, wenn er noch lebte?" Von der Last seiner Schuld kann ihn niemand freisprechen. Denn er hat uns nun einmal in dieses unbeschreibliche Elend geführt, ob wissentlich oder nicht – wer mag das beurteilen? Daß er es ursprünglich nicht wollte, steht außer Zweifel. Er fühlte sich für das ganze deutsche Volk verantwortlich. Doch stand er weithin alleine da, wenn man absieht von dem einzigen, der ergeben zu ihm stand: Dr. Goebbels. Alle anderen haben es verstanden, mit Hitler so umzugehen, wie es ihnen in ihre sehr egoistischen und oft so dunklen Pläne paßte. Ich selbst möchte Hitler mit einem Bankier vergleichen, dem viele ehrliche Sparer, weil er anscheinend sein Geschäft verstand, ihr Hab und Gut anvertrauten. Macht nun einer seiner Untergebenen eine Unterschlagung im kleinen Stil, so mag das zunächst noch auszuwetzen sein. Werden aber immer größere gemacht und beteiligen sich daran immer mehr Opportunisten, so muß eines schönen Tages die allgemeine Pleite erfolgen. Das Geschäft bricht zusammen. Wer trägt dann die Schuld? Für mein Urteil doch ohne weiteres der Chef, der Inhaber, weil er den Mißstand nicht gesehen und nicht aufgedeckt hat. Nun sind all die Leute, die in gutem Glauben diesem Manne ihr Hab und Gut anvertraut haben, betrogen. Ob der Bankier nun selber ehrenwert war oder nicht, das spielt praktisch gar keine Rolle mehr. Die Masse wird ihn verurteilen, und das mit Recht, denn er trug die Verantwortung und war nicht fähig, sein Geschäft einwandfrei zu führen. Er wird sich dann vielleicht verteidigen und sagen „Ich habe keine Schuld. Ich wollte das nicht! Die Schuld liegt bei denen, die die Unterschlagung gemacht haben!" Das ändert nichts.

Hitler hat jedenfalls die Konsequenzen gezogen. Lebte er noch und käme wieder, was blieb ihm dann zu tun noch übrig angesichts unseres Jammers? Er müßte seine sämtlichen Ratgeber und Untertanen, die über das Schicksal des deutschen Volkes bestimmten, zur Rechenschaft ziehen: „Warum habt ihr mich nicht so unterrichtet, wie es wirklich war?" Er müßte sie alle verurteilen und sich dann selber richten! Und hier möchte ich noch einmal betonen: Hitler hatte keine Menschenkenntnis. Das ist ein hartes Wort. Aber es stimmt! Seine Ratgeber, Gauleiter, Reichsleiter, überhaupt alle, die maßgebende Posten innehatten, waren nicht die Menschen, mit denen der bessere Teil des Volkes einverstanden war. Das Volk wiederum brachte nicht die Kraft auf, sich dagegen zu wehren. Denn man hatte entweder Vertrauen zu oder Furcht vor ihm und sagte sich: „Er wird schon wissen, warum er es so und nicht anders hält" und nahm vieles in Kauf. Das wurde leider von den führenden Persönlichkeiten ausgenutzt, zum Schaden des ganzen Volkes und vor allem auch zum Schaden des deutschen Volkes im Auslande.

Die Hauptschuld an den meisten Verbrechen, die an Menschen, die im deutschen Machtbereich lebten und litten, wohl unter Hitlers Namen ausgeführt wurden, muß auf das Konto von Reichsleiter Martin Bormann und Himmler geschrieben werden. Denn diese beiden gingen wirklich über Leichen! Ich habe Bormann nie leiden können. Er verstand es ganz besonders, sich einzuschmeicheln, war aber, um gerecht zu sein, außerordentlich fleißig. Bormanns Adjutant, Dr. Heim, sagte einmal von ihm: „Er ist mit Ochsen groß geworden, da kann man auch nicht verlangen, daß er mit Menschen umgehen kann." Auch ist Hitler über viele Dinge, ganz gleich, worum es sich handelte, gar nicht oder nur sehr wenig oder nur im Sinne dieser beiden bösen Geister unterrichtet worden. Über die Greueltaten in KZs ist nicht das Geringste im engsten Kreise um Hitler bekannt gewesen. Es wurde niemals über diese Sachen gesprochen. In den seltensten Fällen wurde einmal geäußert, daß der oder jener ins KZ gekommen sei. Mir z. B. waren nur die Namen „Oranienburg" und „Dachau" bekannt. Diese wurden aber so hingestellt, als ob es nur politische Erziehungslager seien. Die Leute sollten in diesen Lagern der produktiven Arbeit wieder zugeführt werden. Mein Bekannter Toni kam zum Beispiel ins KZ, weil er einmal im völlig betrunkenen Zustand auf Hitler losgehen wollte, im KZ, so sagte man uns, sollte ihm das Trinken abgewöhnt werden.

Auch hat man uns erzählt, es kämen nur Leute dahin, die sich wirklich eines Deliktes schuldig gemacht hätten – wiederum aber eines nicht so schweren, daß man sie sofort mit Gefängnis oder Zuchthaus bestrafen konnte. Mir persönlich ist es heute noch schleierhaft, wie geheim diese ganze Sache an höchster

Stelle behandelt worden sein muß, daß man rein gar nichts davon erfuhr. Es war das nur dadurch möglich, daß nur sehr, sehr wenige Menschen davon wußten und diese einmal wirklich nichts verlauten ließen. Ich möchte nochmals behaupten, daß diese Angelegenheiten – und auch der Kampf gegen die Kirche – ihren Ursprung in Bormann und Himmler haben. Sie haben Hitler nur insoweit Bericht erstattet, wie sie es, um das Feuer gehörig zu schüren, für unbedingt nötig fanden. Über die wirklichen Zustände in den Lagern hat man sicherlich auch Hitler im Unklaren gelassen und ihn sonst nur nach der besten Seite hin unterrichtet. Wenn man mich fragt, wie ich zu dieser Auffassung komme, so antworte ich: Ich schließe das daraus, daß mir sehr viel kleine Fälle persönlich bekannt geworden sind, zu denen erklärt wurde: „Der Führer hat befohlen bzw. angeordnet" und bei denen ich genau weiß, daß Hitler nicht die geringste Ahnung davon hatte. Dabei handelte es sich allerdings um Dinge, die persönliche Angelegenheiten betrafen und weitere Kreise wohl kaum interessieren. Doch werfen sie ein Licht auf die Art und Weise, in der gewisse Drahtzieher mit Hitlers Namen umzugehen pflegten. Um nur ein Beispiel zu nennen: Bormann kam einmal nach München und berichtete über die Lage in Warschau. Im Ghetto bestände ein Geheimsender, der mit dem Auslande in Verbindung stände. Bormann fragte, was geschehen solle. Hitler überlegte und erklärte, wenn der Bericht wahr wäre, dann müßte strafend eingegriffen werden. Einen festumrissenen Befehl gab er indessen nicht. Es blieb Bormann, Himmler und dem Kommandanten von Warschau überlassen, wie bestraft wurde.

Es kann in diesem Zusammenhang hinzugefügt werden, daß Hitler in einer Art Scheinwelt lebte. Er glaubte lieber Gutes als Schlechtes. Wenn man ihm z. B. sagte, die SS habe da und dort fürchterlich gehaust, dann antwortete er, seine Jungs täten das nicht, und wenn sie es wirklich täten, dann bliebe nichts übrig, als sie zu bestrafen.

Ein anderes Beispiel: Februar 1945 in Berlin. Während eines Fliegeralarms fragte Hitler den Nachfolger, Heinz Linge, wer die alte Frau im Luftschutzkeller sei. Ihm wurde geantwortet, es sei die Mutter seines früheren Kammerdieners Krause. Hitler erklärte: „Die sind doch aus Ostpreußen und schon geflüchtet?“ Einen Kardinalfehler beging Hitler mit dem Kriege und schlimmer noch damit, daß er die Wehrmacht unter bzw. hinter die Partei stellte. So hat letzten Endes Bormann den Krieg geführt. Jedenfalls hat es sich darin wieder einmal bewiesen, daß es für einen Mann ganz allein unmöglich ist, ein Volk zu dessen Wohle zu regieren, wenn die nächsten, zu seiner Unterstützung ausersehenen Männer, nicht nach Weisung und Volkswohl handeln.

Darum muß auch damit Schluß gemacht werden, daß man einem einzigen Manne die Gesamtgewalt über ein so großes Volk gibt, das dann niemals mehr die Möglichkeit hat, ihn, seinen Führer, so zu beeinflussen, wie das im wirklichen Interesse des Volkes liegt. Mit der Tötung der freien Meinungsäußerung nahm sich Hitler letzten Endes auch der Möglichkeit, die ganze Wahrheit zu ermitteln. Es geht nicht an, daß einige wenige dunkle Charaktere mit einem ganzen Volke schalten und walten können, wie das ihnen paßt. Parteien, in der Freiheit eines gesunden Für und Wider, müssen sein. Natürlich genügen deren drei bis vier, denn aus dem Übermaß der Zersplitterung profitieren zuletzt nur wieder die Diktatoren. Dieses finstere Kapitel will ich noch mit einer Frage abschließen: „Was hätte Hitler faktisch machen können, wenn sich Heer, Marine und Luftwaffe geschlossen gegen seine maßlosen Absichten gestemmt hätten?“

Hitler in seinem Arbeitszimmer im Berghof.

Empfang für den italienischen Staatschef Benito Mussolini am 25. September 1937 auf dem Münchener Hauptbahnhof. Im Hintergrund Kammerdiener Krause.

Die Neue Reichskanzlei. Die lichtdurchflutete Mosaikhalle in die Besucher vom Ehrenhof aus gelangten.

Teilansicht des Speisesaals mit Fenstern zum Garten der Neuen Reichskanzlei.

Die lange Halle - 12 m breit und 146 m lang. In diesem seltenen Farbfoto erscheint die Halle durch Sitzmöbel neben den Zimmereingängen nicht überdimensioniert. Das derzeitige Bundeskanzleramt übertrifft die Neue Reichskanzlei in der Fläche um das 1,5fache.

Sitzungssaal des Reichskabinetts. Vom Arbeitszimmer Hitlers aus gelangte man über einen Verbindungsflur zum Sitzungssaal. Sitzungen des Kabinetts fanden jedoch hier nie statt.

Wartezimmer vor dem Arbeitszimmer Hitlers in der Neuen Reichskanzlei.

Hitlers Arbeitszimmer in der Neuen Reichskanzlei.

Hitlers Schreibtisch. Dieser ist bis heute erhalten und befindet sich im Besitz des Deutschen Historischen Museums in Berlin.

Tür zum Arbeitszimmer Hitlers.

Der Verbindungsgang von der Reichskanzlei zu Hitlers Wohnung.

Die Bibliothek in der Neuen Reichskanzlei. Dieses Foto entstand kurz nach der Einweihung, daher befinden sich noch keine Bücher in den Schränken.

Große Empfangshalle.

Der Berghof (Berchtesgaden). Große Halle mit Blick auf den Untersberg.
Das 9x3,6 Meter große Fenster bestand aus 90 einzelnen Scheiben.

Hitlers Arbeitszimmer im Berghof.

Hitler in seinem Mercedes-Benz Typ 770 auf dem Gelände der Reichsausstellung „Schaffendes Volk“ in Düsseldorf (2. Oktober 1937). Karl W. Krause hinter dem Reichskanzler sitzend.

Hitler und Kammerdiener Krause im Mercedes Benz in der Einfahrt der Gauleitung in Düsseldorf (Schloss Jägerhof).

Quelle: Agentur Meier zu Hartum
www.brennpunkt-zeitgeschichte.de

Adolf Hitler begrüßt den SA Obergruppenführer Heinrich Knickmann, im Hintergrund Karl Wilhelm Krause.

Adolf Hitler und Karl Wilhelm Krause vor der Gauleitung in Düsseldorf (Schloss Jägerhof).

Mit der Wilhelm Gustloff in Norwegen

Extrem seltene Amateurfilmaufnahmen einer Norwegenreise mit der Wilhelm-Gustloff. Der Buchautor Heinz Schön kommentiert den Film fachkundig.

DVD, ca. 80 Min. mit 12 S. Beiheft , Best.-Nr.: 2028

14,95 €

Glaube und Schönheit (1939)

Unverkennbar im Stil Leni Riefenstahls gestaltete Hans Ertl einen Kulturfilm über die Aufgabenfelder im BDM-Werk. Zeitzeugen schildern ihre Erlebnisse in Friedenszeit und Krieg.

DVD, ca. 52 Min. + 30 Min. Bonusfilm Best.-Nr.: 1222, FSK: ab 16 Jahren

19,80 €

Krisenvorsorge

Was Sie unbedingt über die globale Wirtschafts- und Finanzkrise wissen sollten. Gerhard Spannbauer analysiert fundiert die wirklichen Ursachen der Finanzkrise und gibt Ihnen wichtige Tipps.

DVD, ca. 115 Min. + 20 Min. Bonusfilm Best.-Nr.: 1911

14,95 €

Verlorene Heimat

Kurzer Abriß der Geschichte und der kulturellen Bedeutung der Gebiete, die Deutschland und Österreich nach zwei Weltkriegen abtreten mußten.

CD, 80 Min., Best.-Nr.: 20601

9,90 €

Hermann Löns

Kammersänger Karl Ridderbusch präsentiert Lieder und Erzählungen.»Rose weiß, Rose rot«, »Der Schäferkönig«, »In der Frühlingsheide«, »Grün ist die Heide«, »Rosemarie« u.v.m.

CD, 68 Min., Best.-Nr.: 20641

9,90 €

Preußen

Aufzeichnung eines Vortragsabends im Schloßtheater im Neuen Palais Potsdam mit Gisela Limmer von Massow. Im Mittelpunkt stehen Friedrich der Große, die Königin Luise und Otto von Bismarck.

CD, ca. 90 Min., Best.-Nr.: 20671

9,90 €

Bitte senden Sie mir kostenlos den aktuellen **ZeitReisen Jahreskatalog** zu!

Rufen Sie uns an oder senden Sie uns eine kurze Nachricht per E-Mail.

Tel: 0 23 27 / 7 15 59
info@zeitreisen-verlag.de